你需要的是剛強，而不是逞強

―― 比「撐下去」更重要的 61 件事

施以諾 著

名人推薦 （按姓氏筆劃排序）

　　每個人都是獨一無二的！因此，面對壓力時，每個人抗壓程度和解決問題的能力也會有所不同。壓力雖然會使人成長，但也可能使人垮掉，所以本書作者以諾才會提醒大家，我們需要的是「剛強」而不是「逞強」的力量。「剛強」，我認為是一種結合了勇氣、堅毅與信心的內在特質。而這種內在特質，會幫助我們在面對即便最終結果不如預期時，心裡仍充滿一股「真正的」平安，這種平安也才能讓我們即便跌倒、失敗，卻依舊可以重新站立。人再怎麼強，總有自己的極限，當龐大壓力來襲時，一個適當又健康的「情緒出口」，我認為是必要的，「閱讀」也算是一種轉換及抒發壓力的方法，因此，以諾的這本新書，正好是個不錯的選擇，在此誠摯推薦給大家。

國際政經節目主持人 何戎

每個人透過《你需要的是剛強，而不是逞強》都會看到自己的影子，讓我們一起學習擁有心靈健康，得到勇敢前行的力量，如此將是真正的剛強，來善待這個紛擾不安的世界。

好消息電視台【轉轉發現愛】節目主持人 高怡平

　　一位醫學院教授及精神科職能治療師，由剛強的定義中帶領讀者了解什麼是剛強，而不是逞強。以深入淺出、淺顯易懂的生活化貼切的實例、案例，並透過聖經的歷史人物，有成功的例子或失敗的教訓，讓我們在生活上或在職場上很是受用；書中所提到聖經上的話語，提醒我們應如何行，才能在職場成為受歡迎的人，或是讓自己在職場受到任何挑戰時，能如何成為過得舒暢的人，並讓我們在安靜中變強。此本施教授的作品，是值得我們年輕人或在職場上的人研讀的好書。

伊甸基金會董事長 陳宇昭

當我們用力在對的地方,才真正能夠找到內心的平衡與安息。人對過敏原的反應,往往不是「無反應」,而是「過度反應」。所以,簡單來說,若對蛋奶或花生過敏,就避免攝取這類食物,問題便能迎刃而解。然而,現代人所面臨的,不僅是生理上的過敏,更是一種心理與情緒的過敏體質。情緒上的掙扎時常反覆發作,導致不必要的沮喪,甚至影響自我形象,使我們難以不受影響。

對於生活中的冷嘲熱諷、親友的衝突,或是他人的錯誤評論,我們無法像迴避過敏原那樣輕易解決。這些情緒的刺激時常縈繞,使人無法擺脫困境。然而,感謝主,以諾博士為我們指引了一條能讓心靈安住的道路。他幫助我們認識「過敏原」的來源,並非要我們關閉情緒的開關,而是開啟更廣闊的視野,學習轉移焦點的能力。

讓我們一同學習,在這個資訊過載的時代,依然能保持思緒清晰,心境安穩,迎向美好的未來!

創略廣告董事總經理、東湖禮拜堂長老 **黃志靖**

當這世界鼓吹逞強，施以諾博士在書中分享：剛強，是在真理中安穩不亂。不為討好而戰，不為虛名而撐，而是帶著信仰，走該走的路，守該守的心。

【黃瑽寧醫師健康講堂】 黃瑽寧

在我從事福音戒毒事工的過程中，發現我不可能靠自己的力量去改變一個人，使對方不吸毒，但是按著上帝的應許領人歸主，戒毒會成功的。有一次我們請施以諾博士來晨曦會分享，他問有人讀過他的書嗎？大部分的同工都舉手說讀過，可見他的書適合不同的人讀。強力推薦《你需要的是剛強，而不是逞強》這本書，它能幫助你明白，倚靠、誇耀自己的能力意義不大，用信心順服主，人生會越來越豐富。

晨曦會牧師 劉民和

身為醫學教育者與醫者，我深知剛強來自信念與真理，而非逞強與壓抑。施以諾教授在本書中娓娓道來，讓人反思在困境中的選擇與堅持。這不僅是心理調適的指南，更是一封寫給每位現代人的生命信件。

輔仁大學醫學院院長 廖俊厚

　　讀完以諾教授的這本書，很佩服。以諾教授用輕鬆說故事的方式，闡述面對人生困難與挫折的大道理。以諾教授鼓勵讀者要剛強地面對困境與挫折，然而也要靈巧地拒絕或忽略某些人或事。要遠離不好的人或事的影響，但也要成為可以影響別人的人。書中用了許多對照語詞，讓讀者換一種角度來看事情，換一種方式來解決問題，例如：抱怨與抱希望、放棄與放輕鬆，鼓勵讀者從不同的角度去找解方，或是過喜樂的生活。看似容易，實則不易；看似困難重重，卻又值得嘗試。你一定要來讀讀。

勵馨基金會董事長 潘璦琬

作者序

凡事「撐下去」？
這未必是最好的方法

　　我寫第一本書時還是個大學生，是以我常形容自己是先當作家，再當精神科的治療師，然後才成為大學教授的。但也因為我本身的精神科背景，記得曾有人因我這樣的背景而隨口問我：「施教授，所以讀您的書，心靈一定會更健康，更不容易生心理疾病囉？」雖是隨口的對白，卻一度讓我陷入自省。

　　這幾年，許多一路跟著我的讀者和我一樣，從青年慢慢成了中年，從學生慢慢變成上班族，坦白說，現代的社會壓力不小，「心靈健康」在某些時候幾乎成了奢侈品，「讀施以諾的書，心靈會更健康嗎？」這個問題的答案也許因人而異，但似乎該是我為我的讀者們努力的方向。而在這充滿挑戰、挫折、競氣的年代，我們又

該怎麼面對這社會？於是我寫了這本《你需要的是剛強，而不是逞強》。

在這個社會，許多人把遇事「撐下去」、「吞下去」視為美德，但有時在精神健康上，這未必是最好的方法，且未必能讓你活出應有的榮美。我在這本新書《你需要的是剛強，而不是逞強》中，提出人生得勝的關鍵點在「剛強」，而非「逞強」：「剛強」助你勇敢走穩當行的路，助你忽略不必要的論斷；「逞強」則易導致空轉與抑鬱，讓你與不必要的人或事糾纏！本書從心靈健康的觀點幫助讀者們釐清「剛強」與「逞強」，全書分為以下五個部分：

第一部：剛強，不是假裝喜樂
第二部：剛強，是懂得不放大困難
第三部：剛強，是懂得專心走自己的路
第四部：剛強，是活出應有的大氣與美好
第五部：剛強，是懂得在真理上站立得穩

在本書內容中所提到的人名或化名，未必是指我身邊的特定個人，而更是一種社會縮影的概念，希望你也能從這些人物案例故事中，對應你生活中雷同的場景，進而有更深刻的共鳴。

「撐下去」、「吞下去」有時固然有其必要性，卻未必是萬靈丹。願你我懂得吃有目標的苦，拒絕虛耗，讓精力專注在人生使命上。

施以諾 筆於台北市

你需要的是剛強，而不是逞強

前面的話

剛強壯膽，不只是**情緒管理**，更是「**目標管理**」

　　每一個人都優秀、都有上天所賜那獨一無二的價值。但有時人生真的很難，我們積極想活出優秀、過得幸福，卻不慎落入了不必要的憂鬱，關鍵就在「剛強」與「逞強」的差異。

　　這是一個充滿變數與挫折的年代，每一個人的生活都有各自的挑戰，是以我們常用「剛強壯膽」來勉勵彼此或是正面臨低潮的人們。而甚麼又該是「剛強壯膽」在這世代所應有的應用詮釋？許多人說，剛強是一種「情緒管理」，身為精神科的治療師，我並不否認這樣的詮釋，但我更認為剛強其實是一種「目標管理」。剛強的人不是沒有情緒，而是更懂得少看酸言或困難，更多聚焦在自己的人生目標上，進而能夠大步邁前。

舉個例子，有些人遭受到酸言或謾罵後，不會在回家後或週末時把自己所受到的氣遷怒到家人的身上，因為他知道他週末就該好好陪家人，這是他週末的規劃，回家的目的就該是和樂相處，這個目標不值得被那些發酸言者破壞。這，就是剛強！剛強，是目標管理。

也有些人，因為目標或路線跟別人不太一樣，面對有些人攻訐他的路線時，他不會過度聚焦在那些人身上，而是繼續聚焦在自己的使命上，拒絕不必要的邀約或情勒，集中精力做自己該做的事。這，就是剛強！剛強，是目標管理。

我們也常見到有些人喜歡比較，甚至是比較一些虛無或外在膚淺的事物，某些人容易落入比較的競氣之中；但也有些人不會處處和人比較，因為他知道自己的長處或價值在哪，專心經營自己的恩賜或特長。這，就是剛強！剛強，是目標管理。

一個聚焦於目標的人，自然而然能活出應有的獨特與優秀，是以我常說，在這世代「剛強」的反義詞未必是「軟弱」，而是「逞強」。剛強是知為何而戰，逞強是為一時的血氣而戰；剛強是有目標且聚焦地經營人生，逞強則是混亂的，是在自己不該堅持的戰場上投注不必要的時間和精力；剛強，會讓你能面對這世代許多變數與挫折，逞強則會讓你更加分散自己奮鬥的方向。

親愛的朋友，我們需要的是剛強，而不是逞強！現代人重視身體健康，進而在乎維他命的攝取；而在這心理健康也同等重要的世代，甚願本書的觀點化為「心靈維他命」，來祝福你的心靈體質變「強」，一起剛強壯膽，過一個有目標、有底氣的人生。

目錄

名人推薦（按姓氏筆劃排序）
003 何戎（知名主持人）
004 高怡平（好消息電視台【轉轉發現愛】節目主持人）
004 陳宇昭（伊甸基金會董事長）
005 黃志靖（創略廣告董事總經理、東湖禮拜堂長老）
006 黃瑽寧（【黃瑽寧醫師健康講堂】）
006 劉民和（晨曦會牧師）
007 廖俊厚（輔仁大學醫學院院長）
007 潘璦琬（勵馨基金會董事長）

作者序
009 凡事「撐下去」？這未必是最好的方法

前面的話
013 剛強壯膽，不只是情緒管理，更是「目標管理」

第一部 | **剛強,不是假裝喜樂**
～軟弱變剛強!

024 總是假裝喜樂的你,累了嗎?
028 你不需要證明自己夠強,才值得被愛
032 有一種美,叫做「雖然我們都不完美」
035 剛強,就是別對每則嘲諷都有反應
039 別再讓自己善良到內傷
043 別把自己留在「受害者情節」的泥濘中
047 別讓「有毒話語」誤了你
050 朋友未必能讓你狀況「變好」,但能讓你「變好過」
053 時間能治療的,都是願意放下的人
056 強者不是不「抱怨」,而是更懂得「抱希望」
060 別在不屬於你的戰場上逞強
063 **心靈維他命 K:癒合你我心靈的傷口**

第二部 剛強，是懂得不放大困難
～你在患難之日若膽怯，你的力量就微小。

066　別人的酸言，其實九成都傷不到你

070　你無法讓每個人都喜歡你，畢竟你是「人」不是「鈔票」

074　別被「不屬於你的內疚感」綁架

078　有時你需要的不是「放棄」，而是「放輕鬆」

081　別讓不懷好意的人，作你時間的主人

084　剛強，就是作一個「低內耗」的人

087　你我是真的苦，還是愛訴苦？

091　養生，就是懂得與「易怒」的人保持距離

095　把每件事都看得很重要，不會使你的人生因而圓滿，只會因而焦慮

099　放膽吧！當《維他命施》碰到《孫叔唱副歌》

103　有一種剛強，叫做「敢誇自己的軟弱」

107　被討厭，有時是一種「成長痛」

110　**心靈維他命 C：提升你我的心靈免疫力**

第三部　剛強，是懂得專心走自己的路
～心懷二意的人，在他一切所行的路上都沒有定見。

112　成天「討好」別人，不如作個「討喜」的人
116　你可以跑慢點，但不能沒亮點
119　別「急」著把生涯規劃告訴所有人——
　　　請學會讓自己「安靜地變強」
123　四處「打聽」別人，不如專心「打造」自己
126　你不用勉強自己外向，但要有人生方向
129　跟不珍惜你恩賜的人在一起，有時不是「磨練」
　　　而是「磨損」
133　拒絕別人有時不是「自私」，而是「自愛」
137　勉強自己合群，不如找到自己的方向
140　剛強，就是把時間留給對的人、做對的事
143　人生，有「使命感」比「乖」重要
147　中年之後，你要擬一份「不辦清單」
151　**心靈維他命 A：助你我看清當行的路**

第四部 剛強，是活出應有的大氣與美好
～不是膽怯的心，乃是剛強、仁愛、謹守的心。

154　把自己過好，就是你最好的反擊

157　人人都有「想法」，但你要懂得「想辦法」

160　一個人開始變老，從看不見別人的優點開始

163　不曾受過傷的人，才會去嘲笑別人身上的疤

166　別在該陪伴時選擇論斷

170　有一種焦慮，叫做「希望每個人都喜歡我」

174　現實生活中你很難「封鎖」別人，
　　　但可以嘗試「解鎖」他們

177　帶著成見向你提問的人，要的不是「答案」而是「把柄」

181　喜樂的祕訣不在「成功」，而在「成熟」

185　有時你需要的不是「轉換跑道」，而是「拓寬跑道」

189　所有的「傑作」，往往來自於「合作」

193　容易被「激將法」激到的，通常還不是真「將才」

196　領袖的魅力不是來自「成名」，而是「成全」

200　心靈維他命 B：讓你我更有能量去祝福社會

第五部　剛強，是懂得在真理上站立得穩
～你們務要警醒，在真道上站立得穩，
要作大丈夫，要剛強。

202　世人只在乎你的「價格」，造物主更在乎你的「品格」
206　剛強是懂得善良，但不被操弄
209　得勝的關鍵不是「爭一口氣」，而是「喘一口氣」
212　別把自己的「傷痛」，當做「傷害」別人的藉口
215　別讓你我口中的金句，變成別人眼中的冷血
219　寬恕是不「記仇」，但「記取教訓」
222　看不清「自我」的人，「自我感覺」都特別良好
225　別拿你的善良去為別人的詭詐買單
229　「苦毒」就像自捅一刀，卻希望別人流血
232　嫉妒，是一張邀請魔鬼進入心中的門票
236　別讓「聖誕節」變成「勞動節」
240　不拿別人的偏執來檢討自己
244　有理想的人，根本沒時間變老
247　剛強壯膽是一種「韌性」，但絕不是一種「奴性」
251　**心靈維他命 D**：讓你我在真理上更剛強茁壯

後面的話
253 用筆影響一億人

第一部

剛強，
不是假裝喜樂

～軟弱變剛強！

總是**假裝喜樂**的你，累了嗎？

　　曾經有心理健康的統計資料顯示，在做出輕生舉動的人中，曾有精神疾病就醫紀錄者，女性多於男性。什麼意思？是代表女性心理健康差於男性嗎？顯然不該是這樣解讀，但為何在有輕生動作者中，過去有就醫紀錄的女性多於男性？普遍的解讀是在華人社會文化因素的影響下，「女性較願意分享心中的苦」；男性深受「男兒有淚不輕彈」等社會文化眼光的影響，較不願向人示弱，習慣維持應有的強者形象。這是一種隱性的憂鬱現象，有人形容這是「男性憂鬱」，但或許更貼切的講法是「強人憂鬱」；不分男女，當一個人被社會賦予某些

強者形象或期待的職業,或是當其期待自己能有「強者」的人設時,會較不容易與人談心、較容易假裝喜樂。當然,這某方面或許無可厚非。

在臨床上曾經有人跟我分享,因為他的工作職稱在傳統文化上被視為「不宜有情緒軟弱」,是以他不願在人前承認自己被憂慮所困,最後實在每況愈下,他的家人硬是幫他預約了我的職能治療會談自費門診。他甚至在會談診間對我說:「施教授,您知道嗎?如果不是我家人強烈建議我來找您,我其實也不想來,因為要讓別人知道我有身心狀況,實在難以啟齒。」以上這位個案所說的話經過我修飾並去背景資料,但大意不變。這是一個何等令人心疼的現象。

其實類似這種隱性憂鬱、強人憂鬱的狀況,並不算少見,但總讓我想到西方歷史上享有盛譽的帝王詩人大衛王,他一生高潮迭起,留有不少詩詞與禱詞文學,在那些作品中,有喜樂洋溢的詩篇,卻更有不少「憂鬱指數

爆表」的禱詞詩篇流傳後世，他的禱詞詩作抒發了他的委屈與愁苦。從某個角度看，大衛王當年應該也有形象包袱或強人偶包，但他顯然有適切的抒發管道。

也許有些人看待、評價我們的方式比較膚淺，認為只能講正向的話，否則就會評價我們不夠有信心，或是作了不夠好的榜樣，但其實那些人自己心中也必有憂愁、沮喪的時候。大衛王的信仰生活可貴之處，絕不在於假裝喜樂；**在面對許多仇敵或攻擊時，大衛王是一個「剛強」的人，但他絕對不是一個「逞強」的人，他懂得適度表達、宣洩自己的負面情緒。**

當然，我們也不必把自己的負面情緒給「所有人」看，因為有些人根本不在乎，有些人看了當笑話，也有些存心害你的人看了反而樂得開心、變本加厲，但我們要能找到適合自己的「宣洩管道」。事實上，心理學家歐文‧亞隆（Irvin Yalom）曾提出十二個療效因子，其中一個就是「宣洩」，適度、適時、適地的情緒宣洩，其實在

精神健康上是一種健康的表現。總是假裝喜樂的你,累了嗎?有時,在某些安全的空間或對象面前,你不必假裝喜樂,而是可以把重擔說出來,這樣反而能走得更遠、更穩。願我們都找到適合自己的宣洩管道,活得「剛強」但不「逞強」。

 # 你**不需要證明**自己夠強，
才值得被愛

　　你不需要證明自己夠強，才值得被愛，因為你的存在本身就值得被愛！每一個精卵的結合背後都有造物主的美意，每一個人的生命都不是偶然，都是因著造物主的愛與許可，才能巧妙地來到這世上。

　　在我成長過程中有許多難忘的回憶。我父親的職業是牧師，我必須承認，我的原生家庭並不富有，而我記得我國中時功課不是太好，有一次段考考得很差，讓父母很失望，成績公布後不久，有天我父親跟我在我家附近的頂好超市購物，他跟我說：「以諾，你這次考試真的

考得很離譜。」我本來以為我爸要開始念一些難聽的話了，豈料他接著說：「但你放心，就算你不會念書、不會考試，但爸爸對你的愛，不會因為你考試考不好而有任何改變。」我爸爸大概沒預期到他這段話使我印象極其深刻，讓我對自己的人生價值感有很大的加分。其實我在成長過程中，考筆試的表現向來不是太頂尖，但我後來在生涯發展上之所以能有「底氣」一路念到博士、升上正教授，跟我父親當年所灌輸給我的價值感有很大的關係。

我父親早已不在人世了，但上面的那段「爸爸對你的愛，不會因為你不會考試而有任何改變」的回憶，我一直放在心裡，因為我體會到爸爸愛我，絕不是因為我成績表現得夠優秀，或是因為我哪方面的能力夠強，而是因為他就是愛我，在他的眼中，他兒子──我的存在本身就有無可取代的價值。這段回憶甚至讓我每每在讀到《聖經》中〈主禱文〉提到「我們在天上的父」時，都有更深刻的體會，因為他讓我意識到，他口中所述的

天父必然也是這樣看我們。天父愛我們，不是因為我們夠優秀、夠強，祂不是因為我們社經地位夠高、賺錢能力夠優秀、能夠提供教堂較多的十一奉獻，祂才愛我們，事實上，教堂有沒有錢、華不華麗，並無損於祂的造物主地位。祂也不是因為我們情緒管理能力夠優秀、夠像個情緒穩定的聖徒，祂才愛我們，在歷史上許多人時常哭天喊地、怨天尤人，上帝也還是深深愛著他們。

親愛的朋友，你不需要證明自己夠強，才值得被愛，因為你就是因著天父的愛與用心才來到這世上的；反過來說，**無論一個人的原生環境背景為何，當一個人意識到自己是被愛的，就會活出真正的「剛強」，就更能心安理得、勇往直前地做該做的事，就不會常在人前刻意「逞強」，就不會刻意想處處向人證明或標榜自己的優秀或卓越，進而能更聚焦在自己人生該努力的目標上，成就更大的事。**

當然，這社會需要我們適時地證明自己，才能使自己被看見，但千萬別「過度證明」自己！凡事逞強，凡事不甘示弱，凡事只想顯出自己比別人強，那將會弄得自己精疲力竭！事實上，即便我們坦承自己其實在某些方面真的就是相對不夠好，那也不影響我們受造、存在的價值，**因為你的存在，本身就有價值！這是造物主所認定的價值！我們都是被愛著的人！我們不是因為「自認處處比別人好」所以剛強，而是知道「自己被上天愛著」所以才剛強**。願你我都有這樣的「底氣」去面對某些弱項或某些人的酸言，專注在自己該努力的目標上，成為更大氣的人。

有一種美，
叫做「雖然我們**都不完美**」

　　有一次我聽到一位好友的演講錄音檔，他是神職人員，某天受邀到某間教堂去講道，那時剛好是歲末年終，是以他被要求講關於「新年新希望」這類的主題。但他的開場白著實讓我第一時間聽了捏把冷汗，他在講台上說：「其實在很多人的眼中，我恐怕沒資格講關於『新年新希望』的主題，因為我在過去這一年，深受憂鬱症的困擾，常覺得走不出來！」我身為他的好友，且是精神科的治療師，聽他這樣的開場，我有些緊張，因為我知道有些地位顯赫的資深教徒對於憂鬱症這種疾病持有偏見，覺得人就是因為不夠有信心、不懂得倚靠，所以

才會憂鬱，許多信徒自恃地認為得到憂鬱症是一種不敬虔的象徵，然而，那天他卻在講台上以此破題。

沒想到，他順著這個破題繼續講下去，且越講越動人！他分享自己在憂鬱中的掙扎與痛苦，以及他怎麼靠著信仰走出這一切的過程，最後，他的結語說道：「各位，也許有人覺得我不配講這個主題，但我要說，如果我可以走出來，您也可以！新的一年，我們也許會面臨許多想像不到的困難與挑戰，但我們依舊可以有盼望。」那是一場意外動人的演講，比過去我所曾聽過他講的大部分演講都動聽。事後，也有當天在場的聽眾向我表達，他們聽了深受感動。

這讓我想到在歷史上，一代佈道家保羅曾說，上帝的恩典是夠人們用的，因為上帝的能力是在人的軟弱上顯得完全。所以，保羅更喜歡誇自己的軟弱，強調自己的不足之處，並見證上帝是怎樣幫助了他。

這個世界固然有許多險惡、辛苦之處，然而這世界也有許多的「美」，我常說：**這世上有一種美，叫做「雖然我們都不完美」**。因為我們都不完美，所以我們才會彼此扶持、分擔，因而發揮出人性的美好面；因為我們都不完美，所以我們才可以在某些成功的事蹟中看到上天的恩典，見證上天對人的愛。**承認我們都不完美，反而讓我們顯得可愛，而非高不可攀。**

　　這世上有一種美，叫做「雖然我們都不完美」。雖然我們都不完美，但上天依然愛我們；雖然我們都不完美，但我們選擇彼此接受，而非彼此攻訐；雖然我們都不完美，但我們依舊能發出自己該發的光和熱。這是多麼美好的畫面！你說是嗎？親愛的朋友，如果你願意，**願我們都善用自己的不完美，勇敢地為這個世界帶來更多的美好。**

剛強，就是
別對每則嘲諷都有反應

你不需要對每則嘲諷都有反應，除非你我已沒有更重要的事要做了，但通常並非如此。

在西元前，以色列民族中有位名叫「尼希米」的公眾人物，他打算重修故鄉已被毀壞的城牆，此舉對當時許多以色列人民而言有極大的象徵性意義。但社會總是現實而殘酷的，當你有夢時，並不會每個人都祝福你的夢，當年的尼希米也不例外！當時有人嘲笑想重建城牆的尼希米：「這些軟弱的人在做什麼呢？要保護自己嗎？要一日成功嗎？」甚至還嘲諷說：「這些人所建造的城牆，

只要一隻狐狸走上去，石牆就崩塌。」這種話顯然已帶有極大的羞辱成分了！

面對種種的嘲諷，尼希米的反應如何？他完全沒一句反駁嗎？其實他也有回嘴的時候，當然這樣也沒有不好，但更值得注意的是，他並非對每則嘲諷都有反應！有的時候，他只是把心中的委屈用祈禱帶到上天的面前傾訴；也有的時候，他意識到這些人對他並不友善，他冷靜地思考該如何「防備」他們把嘲諷言語更進一步化為實質上的破壞、拆毀行動，讓討厭他的人無法得逞。

在歷史上，尼希米沒有把時間全部花在一一反擊那些嘲諷他的每一句話，他把時間花在更堅固自己的信念，把時間用來做實質上的防範準備，讓那些討厭他的人無法成功地攔阻他。最後，城牆落成！那些在過程中嘲諷他蓋不起來、嘲諷他就算蓋起來了只要一隻狐狸站上去牆就會塌的人們，最後只能通通閉上他們的歪嘴！

尼希米的情緒管理好不好？我不敢說，**但我要說他的「時間管理」做得真好！他知道自己時間有限，有些事情遠比用嘴巴去反擊那些嘲諷的言語來得更重要**，這一點，值得我們學習，畢竟我們不可能一一回應所有嘲諷、唱衰我們的人。**「剛強」的定義是什麼？剛強，有時不是「善辯」，而是「善忽略」，忽略某些低格局的言論！**剛強，不是成天去找那些對你有成見的人雄辯滔滔地鬥個高下，而是懂得去忽略那些不值得關注的人；剛強，不是聽到攻訐、譏諷的言語不會難過，而是懂得不被那些言語羈絆住，懂得專注於落實自己的人生使命。

親愛的朋友，最近在你的生活中，有人惡意嘲諷你嗎？有人諷刺你做不到某件事？有人說你就算做成了也是成果糟透？有些話也許值得參考，有些嘲諷的話語也許你可以適時回個幾句，但切記！你不需要對每則嘲諷都有反應，因為你的時間該花在更有價值的事情上！這世上最有力的反駁不是你我「說」了甚麼，而是「活」

出了甚麼表現。讓我們一起把時間花在更有價值的事情上，活出有意義的人生。

別再讓
自己善良到**內傷**

　　小羽是個多才的青年，有個團體的長輩見了她常說：「過去妳父母在我們這裡付出很多，既然有這樣的淵源，妳當然也要繼續多參與啦！」便時常邀請小羽花時間在該團體的大大小小事務上。其實小羽本身有經濟壓力，被遊說參與該團體的事務並沒有任何報酬，如果她挪些時間去兼些有給職的事務，以她的才華與專長，其實可以為自己每個月的經濟壓力帶來不少疏解。但該團體核心成員似乎並未正視小羽的困境，善良的小羽也只好壓抑著。

然而，後來小羽發現該團體雖然不給她任何報酬，但該團體的核心成員卻把經費用在許多不合理或非必要的娛樂性消費上，這讓許多包括小羽在內的其他成員大感不悅，也無法認同；而每當小羽表達想減少在該團體參與的時間時，卻又被該團體的核心成員提醒：「當年妳父母是多麼用心參與啊！怎麼可以到了妳就少參與了呢？」

每每面對這些情緒勒索式的言論，小羽都不知道該怎麼回應。最後，她還是決定選擇去順應這些所謂的人情，繼續無償參與，但她卻越來越不開心，也越來越壓抑。

善良，是很好的美德，但千萬別讓自己善良到「內傷」！**我們善良的目的，不是為了去成全某些人的投機或懶惰，也不是一味地委屈自己去配合某些根本不太在乎我們前程的人**，這樣缺乏界線的善良，恐怕會讓自己的心靈抑鬱到生病。

在歷史上，耶穌曾講過一句關於善良的名言：「你們要靈巧像蛇，馴良像鴿子。」時常講愛與饒恕的耶穌教導後人要馴良像鴿子，聽起來很合理，卻也叮嚀後人要懂得「靈巧像蛇」。「靈巧」代表能機靈地分辨是非，而不是一味地迎合、不懂拒絕；「像蛇」一樣，更代表了懂得閃避危險，面對某些濫情式的操控話術，能攻守、進退得宜。

這世界太複雜、太虛偽！善良，是造物主開給這社會的一帖藥！善良的人心安理得，容易喜樂。但有時好的藥物也有副作用，是以好的醫者常會另開一帖藥讓人配著吃，來減緩副作用；耶穌是很好的心靈醫者，祂開給我們「善良」這帖藥時，也提醒我們要同時服用「靈巧」，免得對自己造成不必要的傷害。

善良要有界限，而不是一味隱忍、默許別人耽誤你的人生，畢竟「善良」跟「被支配」不能畫上等號；是以在生活中，如果有人「總是」依據你願受其支配的程度

來論斷你這個人是否夠善良，那可能不是你所展現的善良不夠，而是對方正在示範何謂情勒與操作，**這樣的人也許不是「壞人」，但若食髓知味或多來幾位，絕對會成為「把你累壞、悶壞的人」**。是以懂得「馴良像鴿子」，也要學會「靈巧像蛇」，在某些關鍵時刻勇於婉謝，而不是一再假裝沒事。別再讓自己善良到內傷，因為公義的造物主也不忍心看你被累壞、悶壞。

別把自己留在
「受害者情節」的泥濘中

有三個故事很值得我們自省。

A 先生是個職場中年,他常很憤然,對過去讀國中時某位曾用言語羞辱他的師長念念不忘,他常說:「如果不是當年那位老師那樣當眾羞辱我,打擊我的自信,也許我會考上更好的高中,也就有機會念更好的大學,今天我會更有成就。」A 先生說得固然有理,但那是超過三十年前的事了。

B 女士是個學歷不錯的嬌嬌女,但她大學讀了一個 CP 值不怎麼高的科系,為何選那個科系?她總是說:「都

是當年我父母要我讀這個科系,他們以為讀這個科系會很有出息,但時空背景根本不一樣!如果他們在我十八歲那年讓我自由選擇,今天的我可能會更有前途。都是他們不懂,害了我。」但特別的是,B女士成年後仍選擇花時間在那個科系體系中繼續深造。

C女士是一家店的老闆娘,她有個學徒長年跟在她身邊學習技藝,但沒想到幾年後學徒竟然辭去店內的工作,自己在附近開了間同樣性質的店。老闆娘氣炸了!覺得這昔日的學徒怎配自立門戶呢?但對方依法就是創業、開了自己的店。於是只要有客人上門,這位C女士都會滔滔不絕地講述附近那家店的老闆其實過去是她的學徒,竟然辭去工作、在附近開店,要來搶自己的生意,講得咬牙切齒、義憤填膺。她在店裡逢人就罵自己昔日的學徒創業是忘恩負義,讓想來她店裡平靜消費的客人們不堪其擾。她昔日的學徒有沒有搶到她的生意?不知道,倒是滿嘴苦毒的她,自己「嚇」走了不少老客人。

上述的 A、B、C 三個案例是不是「受害者」？某種程度上或許是，但我很喜歡跟人分享：「別讓自己留在『受害者情節』的泥濘中。」我絕不是要大家一概否認自己的委屈過往，更不是要我們去美化社會上某些有意加害你的人之人格，但事實上，**「知道自己是受害者」跟「把自己留在『受害者情節』的泥濘中」是兩碼子事，前者會豐富你的閱歷，後者卻會讓你的人生陷入停滯、空轉**。我們當然可以意識到自己某些時候吃虧了，但同時也可以選擇跳出自己「只是個受害者」的情緒格局，為某些別人帶給自己的傷害設下停損點，甚至找到可以反轉的支點。

我們每個人難免心中都曾有委屈，或曾有被人虧待的經驗，我們不必去否認自己某些時候是受害者的事實，然而也要懂得「別把自己留在『受害者情節』的泥濘中」，否則被情緒泥濘蒙蔽了視野，會讓你看不到自己的契機與優勢，也會影響你往後的人生決策格局。這世界雖不完美，但人生還是有很多美好的事在等著

我們去經歷，要懂得調適心態，才能繼續活得大氣、光彩。

別讓「有毒話語」
誤了你

　　G先生在工作中常被主管言語霸凌，讓他身心飽受困擾，後來不得不換了工作，而到了新職場後，即便做的工作性質已不同於上一份工作，但他在上班時，耳邊仍舊會響起上一份工作那位主管罵他的話語，那些過去曾經挑剔他的苛言不時在耳邊重現，彷彿揮之不去的蒼蠅聲，嚴重影響了他的工作專注度與情緒，甚至間接影響了他跟家人的關係。

　　現代人生活壓力大，上述故事中的G先生，其實是很多現代人的寫照。很多時候某些批評的話語會使我們進

步、成長，但其實也有很多言語我個人稱之為「有毒話語」，說話者的動機從來就不是出於善意的建議或公義的指責，而是出於存心發洩或是有意鬥爭，但偏偏這種話語往往讓人印象深刻。如何盡量別讓這種「有毒話語」留在心中？在生活中有兩個方式可以參考：

1. 在心中建立自己的「美好回憶博物館」：
每個人的生命中都有許多美好回憶，只是我們擅不擅長去回憶它們而已。在平時就多回憶生活中美好的部分，數算生命中美好的恩典，在面對某些惡言嫌語襲來時，我們能更快地把焦點轉移到生命中那些美好的回憶。美國總統林肯在南北戰爭時期常被政敵辱罵，他便收集一些讚美他的剪報文章，剪下來放在口袋裡，當被政敵罵到懷疑人生時，便把那些剪報拿出來看一看，重新得力。一天就是二十四小時，當我們回憶美好的時間越多，聚焦在某些偏激批評的時間就越少。

2. 善用「儀式感」為某些負面言語畫下句點：

很多個案曾問過我：「常有個案跟你講負面的話，你常聽，不會受影響嗎？」我永遠記得我大學畢業前曾在台大醫院精神醫學部職能治療實習，那年我曾因為某些病患所對我說的負面言語心裡感到不適，當時台大醫院精神醫學部的主任級職能治療師黃曼聰對我說：「以諾，你要有一種本事，就是當你把白袍脫掉後，同時也等於告訴自己，在臨床上所接收到的負面情緒也要脫掉。」這個建議我一直受用，其本質就是善用「儀式感」為某些負面情緒畫下停損點。親愛的朋友，當某些事情做到一個段落時，你也可以有自己的「儀式感」，可能是一杯咖啡或聽某一首歌，告訴自己把剛剛所聽到的負面言論都先暫時放下了。祝福你找到適合自己的儀式感。

這世上就是有很多未越過法律邊界的「有毒話語」，出於某些人的不良動機或是病態人格，深深困擾著人們。我們不一定能管到別人嘴裡吐出的話，但千萬別讓某些有毒話語誤了你！在生活中善用上述兩點來幫自己情緒排毒，會讓你我活得更輕鬆自在！祝福大家平安喜樂。

朋友未必能讓你狀況「變好」,但能讓你「變好過」

無論再怎樣剛強的人,都需要朋友。

曾聽一位女性友人分享,她曾因失戀而深陷在負面情緒中,當時她四處打電話訴苦,許多人給她建議,甚至分析她的擇偶觀哪裡出了問題才導致遇人不淑等,但她有位姐妹淘在聽到她的哭訴後,只講了四個字,對她而言卻比其他千言萬語的建議更有療癒力,那四個字是「我馬上到」。那是一種願意陪伴、願意理解的友誼。

朋友有多重要?其實很難量化。在歷史上所羅門王有

句名言:「濫交朋友的自取敗壞;但有一朋友比弟兄更親密。」後半句說明,有時在這世上朋友的重要性,甚至高過有血緣的手足。

朋友能夠解決你我的人生難題,讓你我的人生變好嗎?坦白說,其實少之又少,畢竟現代人的人生難題許多來自於社會文化環境與職場生態,這些豈是朋友能輕易改變的?但我喜歡這樣說:朋友未必能讓你的處境「變好」,但能讓你「變好過」。朋友也許未必能改變我們所處的劣勢或窘態,但能改變我們的心境,讓我們重新站起來面對挑戰,或重新審視自己的下一步。

而甚麼樣的人是值得交往的「朋友」?在這壓力山大的世代,身為精神科的治療師,我認為有兩點是現代人值得珍視的朋友特質:

1. 對方懂得先看你的「難處」,才看你的「短處」:有些人在你遭遇不順或苦難,或看似在某些關

鍵抉擇失誤時，會急著指出你的短處與缺點，或是苛責你的軟弱與不足，卻無法見到你當時的難處。有這種人格特質的人，不見得值得你深交或傾訴。

2. 對方會為你保守祕密： 有些人在聽了你的傾訴後，會把你的事情當成譏諷的話題四處傳揚，甚至在大庭廣眾下把你私下跟他講的話當做題材，當眾指名道姓地說出，當眾要你改進。這種無法尊重他人隱私的人，無論他的頭銜再神聖，恐怕都是你我該保持距離的對象。

朋友未必能讓你的處境「變好」，但能讓你「變好過」！找到合適的傾訴對象，找到會先看你的「難處」才看你的「短處」且尊重你隱私的人，你的人生會好過許多；而當你的感受變好過了，才能沉澱思緒去繼續迎戰人生，進而讓人生變好。願我們身邊都有適切的朋友；而如果你身邊一直都有這樣的朋友，記得跟他說聲謝謝，因為他的存在是何等寶貴。

時間能治療的，
都是願意放下的人

曾經在《親子天下》雜誌讀過一篇文章，說到有位婦女經歷其富商老公的外遇衝擊，失去了婚姻，但時間久了之後，她從低潮中慢慢走出來，還幫助了許多人。這是一個非常正向的故事，卻也是個不容易的故事。上述這個真實的例子，不禁讓我想到了金庸武俠小說中的另一個角色——《神鵰俠侶》中的李莫愁，她一樣感情婚姻受到重創，一樣陷入極大的憂憤，但時間久了之後，她並沒有走出來，她心中的憤恨隨著時間越陳越濃，最後變成一個病態的偏激狂。這也是現實世界中許多人們的寫照，時間久了，有的人因此變好，也有人變得更糟。

有句俗話說：「時間是最好的良藥。」但身為精神科職能治療學者，我常喜歡說：時間也許是一帖不錯的良藥，然而，時間能治療好的，卻都是願意放下的人。而如何讓自己在經歷挫折或患難之後能「放下」？不妨嘗試以下三點：

1. 轉念： 一件事如果換個念頭與角度去看它，也許可以看到它好的一面。失去某些東西必然痛，卻也可能有其輕省面。

2. 轉移注意力： 不妨多安排某些活動來轉移自己的注意力。從職能治療的角度來看，善用某些有益身心的活動，有很好的轉移效果，至少可以不讓自己聚焦在那些悲傷的事物上。

3. 向前看： 人生需要有目標、新目標，繼續向前走，不要停，不然會一直留在過去的傷痛中。

時間，不一定對每個人都是良藥，有的人因此對某些事釋懷，卻也有的人負面情緒隨著時間的累積而加乘、

加劇。時間能治療的，都是願意放下的人。願我們都能成為懂得放下、繼續向前的人。

強者不是不「抱怨」，
而是更懂得「抱希望」

　　我大學寫了第一本書，後來在臺北醫學大學醫學研究所讀碩士班時也陸續寫了一些。當時我主動把我寫的書寄給「杏林子」劉俠女士看，並表達希望能拜訪她，向她請教一些寫作技巧。在她過世前兩年，我有很多次去她家裡跟她與她母親拜訪、互動的機會，但在她身上我所學到最多的卻不是寫作技巧，而是一位強者的生命態度。

　　她或許是覺得我學歷看起來還可以，便常自嘲式地舉她自己學歷的例子來提醒我，常說：「以諾，你知道嗎？

我才小學畢業,但是我卻可以⋯⋯」然後分享很多她的往事。其中有一件事讓我印象很深刻,她說她年輕時有一次由親友推著她坐輪椅去看某個展覽,才看到一半,竟有維安人員要把她們請出去,為什麼呢?她很疑惑為何自己買了票卻不能繼續看展,維安人員解釋,等一下會有某位政府要員來看展覽,現場可能會拍照,如果拍到身障人士,畫面不好看,請她們先迴避。於是她就這樣被暫時「請」出了展覽會場。

這種遭遇,套句現代年輕人的用語就是「傷害性不大,侮辱性很強」的經歷。當然時空背景已不一樣了,現在若哪個政府職員敢這樣對待身心障礙人士,肯定被輿論轟爆,但在當時較沒有這樣的人權意識。劉俠當時對我說,這件事是她後來決定創辦「伊甸基金會」,並努力促進並提倡身心障礙者權益的關鍵事件之一。

劉俠過世的前兩年,跟我講過許多有趣的故事,上述這件事讓我印象很深刻,也讓我看到一位「強者」的態

度！「強者」的定義是甚麼？就我和她親身互動的經驗，以及某些關於她的記載，不難發現她其實跟一般人一樣，她偶爾也會「抱怨」一些事，特別是她因生病所產生的種種待遇，她太有題材可以抱怨了，畢竟她也是血肉之軀；然而在抱怨之餘，她仍懂得「抱希望」。當因著自己的身障而受屈辱時，她所想到的不只是當個身障人士真慘，她更積極地想到要創辦組織去幫助所有身心障礙者，為身心障礙人士發聲，這是她的格局。

強者不是不抱怨，而是更懂得抱希望！每個人的人生中都有各自的難處與苦痛，要不抱怨？太難、太矯情，況且一味地假裝喜樂並不能使心理真正健康。然而，抱怨、宣洩之餘，別忘了懷抱應有的盼望，**當你對自己的人生有盼望時，不但自己蒙福，甚至可能將自己的福氣「外溢」到某些人身上**，誠如劉俠女士雖然身障，但懷抱希望，最後不但自己有福，還造福了許多國內的身心障礙者。

很有趣,當年我帶著自己所寫的書去向劉俠請益,但她沒有教我什麼寫作技巧,卻教了我比寫作技巧更寶貴的事。人生哪能不抱怨?但抱怨完了,讓我們繼續剛強壯膽地面對人生。

別在不屬於你的
戰場上逞強

　　我有位學弟，他是我在精神科職能治療同輩中最敬佩的人之一。當年我們在不同的學校分別念了碩、博士班，然而不同的是，我順利讀完博士，在醫學院專任教職，一路升上助理教授、副教授、正教授；他在學術路上則沒有我順遂，最後博士學位沒有完成，或者該說，他最後沒有執著於非得拿到博士學位不可，身為精神科治療師的他，果決地在讀博士的最後階段，放手嘗試開了間床數不算多的精神復健機構，而且成功了！後來，他繼續開了第二間、第三間、第四間⋯⋯，現在的他，已是擁有數間精神復健機構的「業者」了。平心而論，他的

收入與成就，絕不亞於醫學院的教授。

讀博士、一路升到正教授，曾經是他的人生選項，但他後來的成就，並不亞於當初他所放手的這個選項。他曾跟我分享，他在讀博士時已發現自己未必適合，遑論在學術界拿到「博士學位」絕非登峰，而只是「學術登山入口處的門票」，之後還得找得到大學助理教授職缺，然後繼續挑戰比博士畢業水平更高的升等副教授門檻，他不一定能適應這樣的環境。的確，客觀而論，創業可能更適合性格熱情且靈活的他。

但更讓我佩服的，不是他放手不讀博士學位卻創業成功，而是他即便坐擁數間精神復健機構，卻仍謙和待人，願意毫不藏私地分享自己的創業經驗與點滴。

我常喜歡舉他的例子跟朋友們分享：別在不屬於你的戰場上逞強！可不是嗎？如果我那位學弟選擇「逞強」，選擇硬是要拿到博士學位，他可能會很辛苦；拿到博士

後繼續選擇硬是拚大學專任教職職缺，並面對比博士畢業門檻更高的升等副教授之路，可能會很痛苦。學術這個戰場未必是最適合他的。

本身是精神科治療師出身的他，並沒有選擇在相對不屬於他的戰場上硬撐、消磨，而是選擇了一條更適合他的路，選擇把時間花在一個更適合他的戰場上揮灑、精進，因而成就了後來的他，也造福了許多病人。

有時「勇敢」的同義詞並不是「硬撐」，而是「果決」。親愛的朋友，別在不屬於你的戰場上逞強！戰士之所以成為戰士，未必是因為他的戰力比別人強，而是他懂得選擇一個適合自己的戰場，以致他的戰力能夠充分發揮。造物主讓每個人來到世上都有其美意，願我們都勇敢找到屬於自己的戰場。

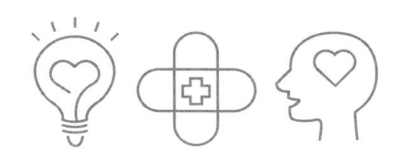

心靈維他命 K
癒合你我心靈的傷口

　　這一部談「剛強,不是假裝喜樂」。我們都不完美,我們的心都可能會受傷,但傷口是可以癒合的,特別是當我們選擇不再糾結、逞強的時候。在臨床上「維他命 K」有助於癒合傷口,期待前面這幾篇文章能發揮「心靈維他命 K」的作用,助你我癒合心靈的傷口。

第二部 剛強，是懂得不放大困難

～你在患難之日若膽怯，你的力量就微小。

別人的酸言，
其實九成都傷不到你

這世上不會每個人都喜歡我們，但別人的「酸言」未必有多大的實質影響力，除非我們自己選擇去放大那些酸言在我們心中的陰影面積。

我在大學三年級時出了第一本書，畢業之後「作家」便一直是我在學術與臨床之外的另一個斜槓身分，目前已寫了二十幾本書了，也得過一些獎項或肯定。而在我寫書的歷程中，曾有兩本書，它們出版時曾分別被不同的人用酸言抵制、論斷，一本是多年前的勵志書，另一本是偏學術性質的書。雖說我不認為抵制的言論合乎邏

輯，但「當時」確實對還年輕的我心情有影響。

但說來也很奇妙，雖然那些酸言當時確實在某些小圈子裡引起討論，卻分別為那兩本書帶來了「免費宣傳」，引起不少原先沒注意到那兩本書的人們好奇，進而購買，甚至認同書中理念；其中一本的銷售量，使其成為我寫作生涯中極具代表性的作品，甚至得了獎，並有機會轉成簡體中文版在海外發行。至於當初的那些酸言呢？因為未能引起多大的共鳴，早就自然消散了，但我的那兩本書至今卻繼續再版。更值得感恩的是，那兩次的特別經驗，讓我對人生有更不同的體驗與學習。

這世上固然有些言論可能的確對我們造成負面影響，但並非全部。甚至我常鼓勵旁人：別人的酸言，其實「九成」都傷不到我們！的確啊！你我也許無法改變某些人對我們的主觀好惡，但我們若持守得好，有些過於偏頗的酸言反而會成為你的「對照組」，對照出你的品格與大氣；而某些酸度破表的言論也可能引起討論與關注，

進而讓人更看到你的優點與對方的失態。就算沒有上述的益處，那些酸言其實也未必能對你產生多大的實質影響，畢竟發言者往往不是我們生命中的重要他人。

可不是嗎？若冷靜看待，你將發現人生中有「九成」的酸言或論斷，也許存心不善，但其實根本難以對我們的前程、職涯、娛樂時光⋯⋯造成實質阻礙！**那些來意不善的酸言並沒有「權柄」可以宣告我們的人生！除非我們選擇讓自己陷進去跟那些酸言糾結，或選擇不斷重複反芻、咀嚼那些酸言。**至於另外那「一成」呢？該澄清的就澄清，該劃出底線的就劃出底線，但也不必過度恐懼，畢竟這社會也是有法治的社會。

面對偶爾飛來的酸言，無論對方是有意或無心失言，不妨都提醒自己：別人的酸言，其實九成都傷不到我們！別用某些偏頗的話來定義自己的價值，也不必成天氣急敗壞地一一耗時回應。把時間與氣力放對地方，繼

續活出你該活的樣子,剛強壯膽,作個有益於人的人,你會活得更寬闊、更有效率。

你無法讓每個人都喜歡你，
畢竟你是「人」不是「鈔票」

我是一名大學教授，也是精神科職能治療師，雖然專任工作是在大學教書、做研究，但仍保有臨床服務的時段。我可以客觀地說，在曾經找我諮詢的個案中，有百分之八十以上的情緒困擾來自「人際關係」，包括職場人際、親屬互動、朋友甚至是網友之間的爭執等。

這些人際問題的起因與性質或有不同，但相同的心態便是「為何對方不喜歡我？」「為什麼他要針對我？」等無奈與委屈，但事實上，我們本來就不可能讓每個人都喜歡我們，這是人生的「常態」，我有時會半開玩笑

地跟人們分享：**你無法讓每個人都喜歡你，畢竟你是「人」不是「鈔票」。**

可不是嗎？如果我們是張鈔票，即便面額不大、皺褶滿布、細菌叢生，大家還是會喜歡，畢竟不拿白不拿。但偏偏造物主造我們是有生命的「人」，我們不是沒有生命的紙鈔，我們有不同的性格、不同的缺點，也因此我們會被人不認同或看不順眼，甚至偶爾受到不必要的詆毀。然而，當一個有生命的人，比當一張沒有生命氣息的紙鈔要高等、卓越多了，何不把焦點放在享受造物主用心創造你的美好呢？

我曾聽人說：「要多花時間去聽那些不喜歡自己之人的意見，人生才會進步。」這是一句非常有氣度的話，我卻持部分保留的態度。有幾個原因：

1. 有些指教的言語並非出於善意：

這世上有些批評你我的人是出於善意的，但也有為數

不少批評你的人是出於惡意,他們所給的「意見」不是為了要讓你更好,而是要擊垮你,讓你止步不前。我們不需活在那些言論當中,更沒有必要依照那些言論去規劃自己人生的職涯方向。

2. 有些言論出於無心的情緒:

現在的社會人人壓力大,是以有些人對你的控訴其實是出於一時的情緒;也有些人對你攻訐與挑釁其實是源自其原生家庭的說話方式,對方繼承了那樣的負面講話風格而不自覺,但並非出於惡意。無論是哪種,都不值得為該言論傷心。

3. 有時花時間去「經營優點」比「改善缺點」更易使人成材:

人生要懂得改善自己的缺點,這當然很重要,但事實是沒有人會沒有缺點,甚至有時所謂的缺點很難定義,常是一體兩面,某些所謂的優點若反過來看就是缺點。一天就是二十四小時,如果我們把人生的目標放在「改

善別人口中所有的缺點」，那我們的人生不但不會因此而活得圓滿，反而會活得疲於奔命、無所適從。有時懂得把時間放在「發展自己的優點、強項」，更能造福眾人。

許多現代人的憂鬱與苦毒都跟人際問題有關！我們固然常有需要自我檢討的地方，常有需要改進的缺點，但不妨適時開導自己：「你無法讓每個人都喜歡你，畢竟你是『人』不是『鈔票』。」學會對某些不喜歡自己的言論一笑置之，專心讓自己成為一個更好的人，將會為這社會帶來更多的祝福。

別被「不屬於你的內疚感」綁架

我們常需要在這世上面對很有說話技巧的人，有些人也許不壞，但是會在不經意間誤用一種「操作內疚感」的說話技巧，讓你若不答應對方，就易使自己的思緒落入對方所設的內疚框架中。該怎麼應對？

曾有一次，有間歷史悠久但營運有狀況的機構，希望我離開我所任教的大學，去擔任該機構的領導人，雖我因生涯規劃的因素實在無法前去任職，但幾次互動過程也都算愉快。當中有個小插曲，是該機構的某位前輩，或許是真的很希望我能過去任職，便對我說：「您的父

親生前是位牧師，我熟識他，他是個很有使命感的人！您願不願意也像他那樣活得有使命感？離開您現在的工作，來出任我們這間機構的領導人職務。」這其實是個很棒的說話技巧，對方顯然熟知我對我父親的思念，他在話語中引出我已逝的父親來影響我的生涯決策，不愧是位有豐富講台經驗的前輩。

那我當時怎麼回答？我馬上回：「謝謝，我是個有使命感的人！但我現下的使命並不是離開目前的工作來擔任您們這裡的領導人。」當然，我也刻意開了些其他話題來維持好氣氛。回想起來，我很慶幸自己沒有因此被牽著走上一條不是我該走的路；至於我沒順應對方的期待是否會內疚？其實不會，因為我不需要被「不屬於我的內疚感」綁架、操弄。而後來的發展也令人莞爾，那位義正詞嚴口稱我應有使命感離職去該機構任職的前輩，在對我講完那一番話不久後，也離開了該機構。

人，當然不能沒有內疚感，在歷史上，包括大衛王在

內的許多偉人皆因爲有內疚感,使他們更進步、更偉大,**但要小心!別讓少數有心人操弄「不屬於你的內疚感」,來綁架你的生涯決策。**而何謂「不屬於你的內疚感」?在生活中至少有以下四點,我們可以省思:

1. 我們不需要因爲生涯方向跟「外人」所期待的不一樣而覺得歉疚。
2. 你不必爲了無法答應參與每一件「高尙的好事」邀約而歉疚。事實上,天底下值得去做的好事很多,而上天賦予每個人不同的使命和優先順序。
3. 我們的人生不是要去滿足每一個旁觀者的眼光。
4. 如果你沒有犯錯,那麼就不需要爲某些看我們不順眼之人的心情負責。當然,你若有大愛要去關顧某些看你不順眼之人的情緒也很好,但有時某些人因看別人不順眼而導致他們自己心理痛苦,那是他們自己所該去學習調適、面對的人生功課。

我們盡量保持與人為善，但也要懂得「用智慧與外人交往」，別讓外人用「不屬於你的內疚感」綁架、操控了你的時間和職涯。學會適度「堅定而溫和地說不」，專心做好你有使命感的事，你的世界會更健康、輕省而有福。

有時你需要的不是「放棄」，而是「放輕鬆」

記得有一次，有位博士生跟我提到他寫論文遇到瓶頸，覺得是否乾脆放棄算了，因為他已經把自己醒著的時間都花在圖書館，思路卻仍舊卡住，他覺得自己很可能過不了博士畢業門檻那關，但又不甘心，決定再給自己點時間嘗試。我聽了當然很不忍心，因為我知道這個學位對他的重要性，但當時我並不鼓勵他繼續把時間花在閉關寫論文上，我跟他說：「輔仁大學的校園何等美麗，別只待在圖書館，出去走走，四處是幽美樹蔭，也可以看看夜鷺、錦鯉、烏龜池，放空一下，說不定就寫出來了。」後來他照做，據他所說，果然寫出了原本思

路卡住的那個段落。

其實上述也是我的做法之一,有時我在研究室裡寫不出的內容,帶部筆電去校園內的咖啡廳寫,居然很快就有靈感了。很多時候我們碰上瓶頸或難關時,會覺得想要「放棄」,這當然可以是一個選項,但或許我們真正需要的不是放棄,而是「放輕鬆」,換個心境放空一下、抽離一下,馬上就又有不一樣的動力。

在歷史上,有位宗教家名叫以利亞,他是個性格剛強的人,也是位肩負使命感的愛國人士,常對當時的人民和掌權者提出諍言,也完成許多傲人的事蹟。然而,有段關於以利亞的歷史故事很有趣,記載功績輝煌的他曾經因為遭受危難而大感挫折,癱坐在一棵樹下,憂悶得想求死,但他的上帝真的愛他,只是愛他的方式並不是找人去向他說教,或對著他喊些激勵的口號,而是安排他先不去看眼前的難處,讓他有個空間可以又吃、又喝、又睡,簡而言之就是讓他「放輕鬆」,過沒有多久,以

利亞就又「活」了過來，再也沒有說要求死或放棄自己的人生使命，又開始繼續做他該做的事，他果真也做到了許多人認為的「不可能的任務」。足見人人都需要適度地「放輕鬆」，就連能力超群的聖賢偉人也一樣。

人難免都有軟弱或消極情緒，有時「放棄」雖是個選項，但若出於一時氣急而放棄了不該放棄的事物，恐怕事後最懊悔的會是我們自己。放棄當然並無不可，然而放棄之前，不妨先試試「放輕鬆」，換個心情重新再面對眼前的關卡，說不定會有新的靈感、新的想法、新的應對態度，進而讓你原本做不下去的事情出現轉機。下次當想「放棄」時，記得先找時間讓自己「放鬆」一下喔！

別讓不懷好意的人，
作你時間的主人

這是一個不容易的世代。容我這樣說：為何許多現代人常陷入憂鬱和停滯？原因固然很多，而其中一個，就是我們常一不小心，就會「讓那些不懷好意的人，作了你我時間的主人」，進而讓人生陷入空轉。親愛的朋友，不知你是否常有以下狀況：

1. 某些人不懷好意地故意損你、挑釁你，結果你花了太多時間生氣，或花了太多時間琢磨該怎麼反擊、反罵對方，然後時間也就這麼不知不覺消磨掉了。
2. 有些人就是靠著議論別人的缺點來取得自己的存在

感,那是他們的人格特質,結果你太把他們的論斷當一回事,把時間全用在去在乎對方口中那些所謂的缺點上,然後弄得沒時間去精進、發揮自己的強項,到最後反而讓自己成了個沒有亮點的人。

3. 有些人吃定你溫和、好說話,便故意用許多道德勒索的說詞要你為他們做雜事,結果你因為「不好意思拒絕」,就投入大把時間去迎合對方的期待,最後弄得沒有時間發展自己。

4. 有些人就是會習慣性地對別人的職涯發表意見,但動機並不是出於在乎你或真有見識,純粹只是好為人師。結果你真聽了那種人的話,最後把自己的人生弄得失焦、團團轉。

親愛的朋友,以上四點中,有你的寫照嗎?其實你可以不用被牽制得這麼辛苦。

別讓不懷好意的人,作你時間的主人!因為時間很貴,請別浪費!《聖經》上有句話很值得深思:「不要

像愚昧人，當像智慧人。要愛惜光陰，因為現今的世代邪惡。」**蛤？要世人珍惜光陰的理由之一竟是因為這社會太邪惡？**可不是嗎？這世上並非每個人都是以善意對待你我，有些攻訐、指責或要求的言論，可能本身就是出於惡意，或是出自發言者自己沒有處理好的自卑、人格或精神狀況。是以在時間管理上，千萬別被那些酸言、無聊或無知的言論佔據了或被牽著鼻子走；要愛惜光陰，把時間用來傾聽那些真心為你好、心態正常者的意見，你的人生才能更好。

懂得「別讓不懷好意的人，作你時間的主人」，懂得練習「忽略」某些謾罵、挑釁與道德勒索，別讓時間規劃被那些扭曲的言論牽著走，那麼，在這世代，你就是個有智慧的人。願我們都能學習成為剛強而敏銳的智慧人。

剛強，就是
作一個「低內耗」的人

　　這世上有許多的美好，但我們也不可否認，這世上仍有很多無聊的酸言、莫名的謾罵、無故的衝突等等偶爾發生。面對世上某些無常的負面人與事，要學會作一個「低內耗」的人。

　　何謂「低內耗」？就是別讓怒氣耗竭了你太多的時間與精力。《聖經》上說「不可含怒到日落」便是一種讓自己處於「低內耗」的智慧，這並不是不可以生氣，而是要懂得別為同一件事處於憤怒狀態太久。為何呢？也許神學家有神學家的觀點，但從精神科職能治療的角

度來看，一個人處於憤怒狀態太久，可能會產生認知、情緒、行為三個層面的異常。

在認知層面，當你為某件事持續處於憤怒狀態時，可能會扭曲你的認知、歸因與詮釋，讓你遷怒到無辜的人身上，或做出偏激的因果歸論，進而看事情變得憤世嫉俗，陷在某些牛角尖裡；在情緒層面，適度地抒發怒氣固然有益，但長期處於憤怒狀態，會大大影響你做正事的心情乃至工作效率與專注度；在行為層面，長期處於憤怒狀態可能造成衝動行為，讓你說出不該說的話、做出不該做的決策，最後要花更多時間來彌補自己在衝動之下所釀的禍。

以上三種層面的影響有個共通點，就是都會消磨你的時間、精力，讓你處於一種「內耗」的狀態，親痛仇快，正中某些人的下懷！而我觀察身邊許多幸福、有為的人，他們不見得是智商高的人，但往往都是懂得讓自己處於「低內耗」狀態的人；相對的，**容易處於高內耗狀**

態的人，往往會因此敗給職場上原本資質或條件輸給自己的同儕。

　　親愛的朋友，這世代有許多的不可愛的人與事，不該理的人不用去理他，不值得在乎的言論不用往心裡去，否則，你哪有時間去做重要的事？哪有精力去栽培自己？謹記「不可含怒到日落」的叮嚀，別讓怒氣綑綁你太久，作一個「低內耗」的人，你的人生會更有品質，腳步會更加輕盈。

你我是真的苦，還是**愛訴苦**？

很多時候一個人常訴說自己「苦」，不一定是環境使然，而是習慣或思維使然。有時我們明明住在不差的房子裡，受過不錯的教育，家人也常有付出，但我們總覺得別人欠了我們，總覺得自己被虧待，進而想方設法要在別人身上找出自己對人生看不順眼可發洩的出口，一不小心，便在明明客觀不差的環境下，成天挑剔別人、成天訴苦。

這雖是個言論自由的時代，卻也值得我們省思：我們是真的苦，還是愛訴苦？習慣性的訴苦、挑剔，不會讓

人覺得你精明,只會讓人覺得你難搞;不會討人憐愛,只會讓人看到你我的苦毒。

在近代,猶太人常被形容為「最會做生意的民族」,但在歷史上,他們的祖先不一定如此正向,而更像是一群愛訴苦的刁民。猶太民族當初在埃及為奴時,過得非常不好,後來摩西帶領他們出了埃及,準備前往傳說中的迦南美地時,路途中他們時常怨聲載道,包括抱怨「現在不像過去在埃及時常有肉吃」,但事實上,他們過去在埃及是低下的奴隸,且常被苛刻對待,飲食條件相對不可能太好,那樣的訴苦,似乎有利用誇大自己過去的待遇,來將自己對摩西的抱怨與攻詰合理化的嫌疑,這種人格特質,弄得他們的領袖摩西覺得成天跟這種人相處,簡直痛不欲生。後來,那些猶太族人有鵪鶉肉可以吃了,心境上卻也不見得平安喜樂。當時猶太人這類的抱怨非常多,抱怨與挑剔是他們的拿手本領。

很多人不解,怎麼當時那些猶太族人嘴巴就這麼壞、

這麼難搞？但從精神健康的角度來看，那群猶太族人或屬情猶可原。他們一出生在埃及地，身分就是奴隸，歷史文獻記載他們常被苛待，而我們也不難想像在古代的時空背景之下，那年代的主人應該不會對奴隸們從小有太多的讚美或鼓勵。在臨床精神健康上，一個人童年時若處在常被挑剔、消遣、缺乏正向讚美的原生環境，長大後恐怕也會成為愛挑剔別人、成天訴苦的人。很不幸，當時許多猶太族人似乎落入了這樣的臨床公式中，雖說是情猶可原，但值得後世省思的是：按歷史文獻記載，那一代愛訴苦的猶太族人，最後就只能終生在曠野裡「空轉」，一輩子進不了迦南美地。

這樣的現象也發生在現今的文明社會中，習慣性愛訴苦、愛挑剔別人的人，也許乍看很幹練，彷彿總有眼光能挑出不完美的地方來，但若去觀察這種人的人生，便會發現其實也就如同當初歷史上那些猶太族人一樣，他們的人生往往只能「空轉」，難成大器。習慣性地把時間都用來挑剔別人的人，永遠看不到自己的盲點，永遠

無法好好精進自己，自然也就無法走出框架。當然，他們可能還是會把自己的一事無成，訴苦成是別人不懂得成全他們，繼續形成惡性循環。

親愛的朋友，如果本文有讓你隱約自覺到自己某些愛訴苦的行為，其實可能跟你某些童年經驗、成長歷程有關，甚至已讓你的人生落入「空轉」了，好不好請給自己一個機會，**很多時候「習慣」是可以被改變的！不妨多看看自己周遭美好的部分，多看看自己身邊人的優點，為自己建立新的習慣！**學習常定睛在自己人生中的恩典與美好，善用自己的恩賜與優勢，把訴苦的時間拿來栽培自己，讓自己的人生不空轉，走出苦毒，奪回自己人生本應有的格局與美好。

養生，就是懂得與「易怒」的人**保持距離**

在歷史上，許多人推崇所羅門王的智慧，認為他所說的格言可以應用在職場與商業上，而他也確實是位有為又有愛的君主。然而，這位有為又有愛的王者曾講過一段話：「好生氣的人，不可與他結交；暴怒的人，不可與他來往；恐怕你效法他的行為，自己就陷在網羅裡。」的確，易怒的人往往導致朋友遠離，讓人不想與之親近。當然，在現實生活中我們不可能與所有易怒的人斷絕往來，但可以與之「保持距離」。

身為醫學院的教授，我很喜歡這樣形容：懂得與「易

怒」的人保持距離，是一種「養生」！懂得適時、適度地遠離好生氣的人，對我們的身心健康絕對有益。但問題來了，如果某些易怒的人偏不巧就是我們生活中切割不了的同事或親友，該怎麼「保持距離」？以下有三點建議：

1. **懂得至少暫時抽離：** 我們可能不一定能完全避免跟易怒者來往，但要懂得「暫時抽離」，這可以是物理空間上的遠離，更可以是心態上的抽離，即便空氣中充斥著對方的話語，但讓自己的心自在飛遠，學習「忽略」，以降低被對方傷害的機會。

2. **懂得不被影響：** 除了不被他們傷害，更要懂得不被影響。跟易怒者來往很大的危機，是我們會在不經意間「仿效」他們的行為。人很特別，有時會去模仿自己不喜歡之人的行為或口氣，無意間變成和他們一樣的人。我們不一定能改變他們，但可以不被他們改變。

3. 不要用對方的話語來定義自己： 易怒的形式有很多種，不見得是破口罵髒字，也可能是動輒埋怨或譏諷你不夠好，或氣急地拿你跟某些名人的高峰做比較，或消遣你我的職業，但這些話語往往不客觀也不切實際。如果碰上這種人，切記，不要用對方的那些話來定義自己，因為那些偏激的話有時毫無意義。

可能有些道德家會說：「怎麼可以不與易怒的人來往呢？怎麼可以鼓吹要跟易怒的人保持距離呢？應該要用加倍的愛去感化他們啊！」這樣的說法的確很美，如果你我身邊有這樣的人，絕對值得我們珍視，但我必須說：**用無比的大愛與耐心去跟易怒的人直球對決，是一種「情操」；但懂得與易怒的人保持距離，則是一種「養生」！** 這兩者是不一樣的層次！前者的心靈層次確實較高，但要謹慎，不要自己明明沒有那樣的情操，卻「假裝」自己有，或是「強迫」別人都要有，因為假裝神聖或強迫別人裝得神聖並不會讓人真的成聖，裝過了頭往往只會導致內傷。練習用愛去感化易

怒的人確實有意義，但有時也要學習承認自己的有限，先退一步求「養生」亦無不妥，宣教士保羅便曾形容「身體是聖靈的殿」，足見顧好身體也很重要，免得到時自己也沒健康狀態去愛有需要的人了。

這時代很重視養生，養生的方式有很多種，身為精神科的治療師，我強烈建議大家要懂得與某些「易怒」的人保持距離，**即便無法拉開物理距離，也要懂得善用本文的三個方法去應對易怒者，拉開自己與他們之間的心理距離**，你會活得更健康而清靜。

把每件事都看得很重要，
不會使你的人生因而圓滿，
只會**因而焦慮**

小美是位熱血的已婚青年，育有一幼子。天性積極的她，某天聽到大學學姐談到：「我決定要去讀研究所，因為精進專業智識太重要了！」這話燃起了小美的鬥志，決定工作之餘也去研究所深造。這時，某位看她長大的長輩建議：「妳該多負擔點我們這團體內的聚會，這很有意義，妳不要都只做自己的事。」小美不好拒絕，便也接了該團體的許多雜務。這天，她看到某位同儕在媒體上曝光率很高，羨慕極了，心想：「這不正是一個自媒體的時代嗎？我難道不該多多經營嗎？」於是她也開

始投入自媒體經營。但幼子的教養卻也需她花上不少時間與精力，久而久之，攬了一堆事在身上的她，什麼事都只做得差強人意，什麼事都未達預期中的效益，甚至時常出包或拖欠進度，這也引起了許多身邊相關人士的不滿，讓她成天陷在挫折與焦慮中，甚至開始出現身心狀況。

上面這例子讓人看了很心疼。恐怕我們要有個認知：這世上固然有很多有意義的事情，但並不代表每件事情你都必須參與！即便有些事你我必須參與，**但在面對眾多事項時，你仍必須有「優先順序」！**許多人把每件事都看得同等重要，或礙於人情壓力而不敢做出取捨，但這樣並不會使你的人生因而圓滿，只會因而焦慮，因為每個人的一天都只有二十四小時。

當然，當我們把眾多事情排出「優先順序」時，難免會有人對我們的優先順序不高興或看不順眼，但事實上，你我的人生本來就不可能去迎合每一個旁觀者的好惡。

是以不妨過濾出自己在不同階段的人生目標：什麼都想兼顧的人，有時反而只會讓自己落入平庸的負面循環與空轉。

在歷史上，耶穌就是很懂得排「優先順序」的典範之一。在當時許多人認為應該要「守安息日」，意即在當天必須遵守宗教規範，不能工作，耶穌卻曾在安息日治療病人、幫助別人。持守「在安息日不能工作」的宗教原則重要嗎？當然重要！那幫助病人重要嗎？也重要！但當這兩件事發生衝突時，在耶穌的眼中，後者的優先順序高於前者。當然，當時不少宗教人士議論耶穌在安息日幫助有需要的人們，但耶穌並沒有因此陷入不必要的內疚。雖然這些事都很重要也都很有意義，但耶穌活出了自己的原則與優先順序。

活出豐盛的關鍵，常在勇於排序與取捨。甚至有時你會驚喜地發現：當你把時間先集中於做好優先順序前端的事項時，之後會更有心得與影響力去帶動後端事項的

進行。無怪乎在歷史上，智者摩西曾謙卑地向上天祈求：「求祢指教我們怎樣數算自己的日子，好叫我們得著智慧的心。」因為好好數算、規劃自己人生諸事的優先順序，才會活得更輕省而有效能。

放膽吧！當《維他命施》
碰到《孫叔唱副歌》

熟知我的讀者們可能都知道我此生有個使命——「用筆影響一億人」，聽起來雖不容易，但這世上閱讀中文的人口高達近十一億，因此這絕非遙不可及的目標。如何用筆影響一億人？除了已有幾本書轉成簡體中文版在海外發行，也包括把書中的文字轉成影音節目，例如電視節目《維他命施》。

《維他命施》這節目怎麼來的？還記得那一年GOOD TV好消息電視台找我，鼓勵我開一個短講節目，後來我知悉，這節目預計播出的時段，原時段節目是赫赫有

名的《孫叔唱副歌》，著實讓我心中捏了把冷汗，懷疑自己扛得下嗎？因著我父親曾擔任「藝人之家」教會顧問牧師的關係，我從小就認識孫越叔叔，他是位親切且表裡如一的長輩，德行兼備，在世時也常為我的書寫推薦序。但孫越叔叔的聲望實在太高，當時他剛辭世不久，若我的新節目播出時段剛好是過去《孫叔唱副歌》原時段，對我將是不小的壓力。畢竟這世界充滿了「比較」，如果新節目反應好倒也罷了，若反應不好，那豈不出了洋相？再者，我這個人性格偏內向，不習慣直接面對鏡頭，看到錄影機會很拘謹，相對而言，若是主講廣播節目，可能比主講電視節目更適合當時的我。

但後來我讀到一段《聖經》上的話，形容在使徒時代某些人是「放膽講論」自己該講的道理。講話就講話，為何需要「放膽」才能講論？顯然因為可能本來的自己未必敢講，需要點「膽」才講得出。歷史上的前人可以，我為何不能一試？我跟那些人所信奉的不是同一位造物主嗎？

於是我放膽接下了主持棒。很有意思，一開始本來連節目名稱都還未定，這新節目有一度名稱要叫做《諾的膠囊》，取材自知名成藥「諾得膠囊」的諧音，意即「施以諾的心靈膠囊」；但後來經內部會議討論後，決定把節目名稱改成《維他命施》，取自「維他命C」的諧音，節目定調為「施以諾的心靈維他命」，節目所講述的內容主要改編自我過去所寫的書籍。

不久後，電視節目《維他命施》播出了！感謝造物主與觀眾的包涵與厚愛，節目播出後並沒有怎麼被酸，甚至許多人告訴我，他們會在病房或長照機構裡收看這節目，或播給住民們看，覺得短短的，效果不錯。《維他命施》剛開始製播的初期，我緊張過、焦慮過、猶豫過，卻也感受到許多恩典。更重要的是我學到了「放膽」的功課，因為許多事情得以成事的關鍵並不在當事人本身的能力、才華、知名度，而是在於造物主是否要成就那件事。

也因為我的個性其實很內向，是以許多熟識我的老朋友私底下都詢問或跟我說：「你怎麼能常在電視上講話，這跟你的個性不合啊！」「我們大學時就認識，但沒想到你會是個後來常在電視上出現的人。」哈！的確，我的膽量不是建立在我的性格或才幹上，而是建立在我的使命感之上。在某些事上，我的使命感大於我的害怕與羞澀。

親愛的朋友，我們都會有害怕或躊躇的時候，但關鍵是：你的使命感大於你的恐懼或尷尬嗎？如果某些事真是上天給你的使命，那就「放膽」開始吧！

有一種剛強，
叫做「**敢誇自己的軟弱**」

　　以下論述經模糊化、去背景資料處理。好多年前曾有位個案找我談話，她言談中一直提及自己家族有位晚輩成績欠佳，並顯得十分愁煩。我嘗試了許多方法，她當下都不見改善。

　　其實我自己在國中時也曾有段時間功課非常不好，於是在她又提及擔心自己那位晚輩的課業時，我偶然間脫口而出：「喔，其實我國中時有段時間功課也很不好。」豈料那位個案馬上瞪大眼，臉上愁容消去了六成，問：「真的嗎？」然後問了一堆關於我國中成績的事。那一

天，我試用了許多精神科職能治療會談的學理與參考架構，希望能改善該個案的情緒，但竟然都比不上那一句無心的「其實我國中時有段時間功課也很不好」，對她來得有「療效」。

在臨床治療大師亞隆所提出的「療效因子」中，有一項叫做「普同感」，意即讓個案發現自己所面對的問題並非獨特的，自己所面對的問題別人也會有，這會使人釋懷。在上述事件中，我無意間論及過往課業表現不夠優秀的回憶，顯然讓個案聽到後產生了這個療效因子。而在歷史上，早在亞隆提出這個療效因子之前，就已有別人把這個概念活用得入木三分。公元一世紀，宣教士保羅曾發表過許多激勵人心的言論，但他卻也說「我更喜歡誇自己的軟弱」！甚麼意思？有時候在人們面前講出自己不夠好的地方，講出自己不夠好卻能挺立於世的祕訣時，比一味地強調自己過往有多好、多優秀，要來得更激勵人心，是以保羅說他「更喜歡誇自己的軟弱」。很有意思，同樣的助人論調，保羅比亞隆早了

十九個世紀。

如果去讀保羅的生平記載,會發現他是個很「剛強」的人,他為了自己的使命不惜艱苦、不畏牢獄之災,但這個硬漢卻也示範了另一種「剛強」,叫做「敢誇自己的軟弱」。許多人只敢提自己過往的好,卻不敢提到自己過往的缺點,為何?可能是因為那些過往缺點至今仍沒有改善、至今仍為人所詬病,也可能是那些缺點真的深深牽制了我們,讓我們難以有所作為。事實上,哪個人沒有缺點?沒有人的過往是無可挑剔的!

但很奇妙,有時上天就是會揀選某些有缺點的人,或是讓某些眾人眼中本覺得不配的人後來有了「超車」的成就,而當這些人成功之後,若意識到自己的成就並非自己多了不起,而是上天的恩典時,他們就會「敢」提及自己過往的軟弱,來見證造物主的一路賜福。這樣做不但不會獻醜,反而會在這充滿壓力的世代,讓更多人因而得著盼望。有時一個「敢」適時提

及自己過往軟弱的人，反而才是內心真正剛強、大氣的人，你說是嗎？

被討厭，
有時是一種「**成長痛**」

　　有一隻小蝌蚪，常跟孔雀魚們玩在一起，一起繞著水生植物的莖部追逐，一起找食物吃，一起討論各自水中生活的見聞。過陣子後，小蝌蚪慢慢長大，長出了後腿，尾巴也慢慢消失了，成了一隻小青蛙，但牠們還是有機會聚在一起，偶爾討論些雜感。

　　但小蝌蚪變成了小青蛙後，花了更多時間在岸上，在分享見聞時，不只是討論哪株水生植物在水面下的莖長得好不好，牠也會分享水生植物在水面上的樣子，或是它的葉面在陽光下的色澤。有些孔雀魚依舊很喜歡這隻

從小蝌蚪所變成的小青蛙,但也有些孔雀魚看得不順眼,說:「牠變了!變得不願像當年那樣願花那麼多時間跟我們在水裡聚會了。」「牠講牠所看到的東西,我們聽不懂,也沒看過,牠講的那些東西根本不值得去討論。」

以上的小故事是我編的,但不介意對號入座。人生「被討厭」有時是一種「成長痛」,很多時候就像故事中那隻從小蝌蚪所變成的小青蛙,牠的「成長痛」不只是來自尾巴不見、長出腿來的蛻變,也包括了被過去的部分同儕討厭。有時因為你成長了,所以格局提升了,視野不同了,跨出同溫層了,成為了某些人所無法成為的樣式。當這樣的蛻變發生時,當初的同儕有人會更喜歡你,會以你為榮;但也有的人會因此不喜歡你,認為你變了,認為你跟以前不一樣,認為你的時間安排跟他們不同。然而,人不能因此就拒絕成長。

被討厭,有時是一種「成長痛」!但重點不在「痛」,而在「成長」!如果你太在意某些因成長而被人討厭的

痛，因此放棄長大，你將活不出應有的格局。但也絕不是舉凡有人際上的痛，就代表自己正在經歷成長或提升，如果你跟同儕相處常有「痛」，但這樣的痛卻不是來自格局上的客觀成長或提升，那可能要檢討的是自己待人處事的成熟度。

總之，如果要「成長」，就難免會有成長痛，改變沒有不痛的，不需要過度放大某些出於看你的蛻變不順眼的言論；但也請放心，絕不會每個人都因此而討厭你，還是有許多人會因你的提升而欣賞、鼓勵你。更值得欣喜的是，當你往更好的方向去改變時，你將更有能力為更多人的生命帶來不同的祝福與亮光。當你動機純正地努力變好時，造物主自有公道。

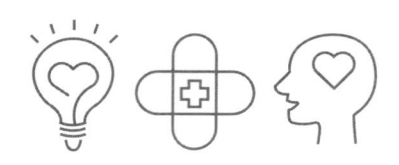

心靈維他命 C
提升你我的心靈免疫力

這一部談「剛強，是懂得不放大困難」，有這樣的心態，我們將可以抵禦未來人生中許多攻訐與難題。在生活中，「維他命 C」有助於提升免疫力，期待前面這幾篇文章能發揮「心靈維他命 C」的作用，提升你我在職場上的心靈免疫力。也許未來生活中有人會為難、論斷、嘲諷你，但我們可以用我們的鎮定與優雅讓他們看見：「我們的人生不在你的嘴巴裡。」

第三部　剛強，是懂得專心走自己的路

～心懷二意的人，在他一切所行的路上都沒有定見。

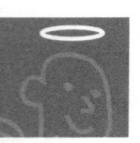

成天「討好」別人，
不如**作個「討喜」的人**

　　人在江湖，有時我們難免會需要去「討好」別人，當然這沒有一定不好，但有時我們會把討好變成是一味的附和，甚至我們會教育晚輩要懂得討好我們，認為那些願意附和我們的晚輩，就是乖巧。但這樣的眼界，卻不一定造就得出真正傑出、能適應社會的人才。

　　上天創造每一個人都有其獨特的價值，我們所要活出的價值是成天「討好」別人嗎？懂得如何討好別人有時固然是優勢，但我們其實更該學習的是如何成為一個「討喜」的人。討好，是追求別人口中的一時評價；討喜，

是讓自己活出有實力的長遠價值,兩者的重點迥異。

事實上,一個人的生命若有「討喜」的本錢與能耐,何須處處討好、盲求認同?而如何成為「討喜」的人?記得有一年系上的畢業撥穗典禮,我利用系主任致詞的時間,分享了三個原則——忘記背後、努力面前、向著標竿直跑。

一個討喜的人必須懂得「忘記背後」,適時地忘記自己過去某些豐功偉業,別成天炫耀自己的舊事,別成天被自己的過往經驗框住;也懂得忘記過去與別人的某些小摩擦,別成天向人提起過去哪些人曾對不起你,深怕有人不知道你曾經多委屈,這些恐怕都不是討喜的行為。

一個討喜的人也必須懂得「努力面前」,一個懂得上進的人,總是有魅力!千萬不要活得「清心寡慾」到覺得反正在世上什麼都是一場空,什麼都不值得去努力經營或精進,只要開心就好,一切躺平。若是如此,

豈不辜負了造物主讓你我出生在這世上的美意？這樣缺乏上進心的人，往往很難討喜。

一個討喜的人更必須懂得「向著標竿直跑」，許多缺乏人生目標的人，常花太多時間去批評別人，而不懂得有目標地栽培自己，導致自己的人生最後陷入空轉。事實上，真正心存謙卑的人往往更懂得在自己的專業成就上持續精進，慢慢拉大自己與那些好批評者們的差距。喜歡詞走偏鋒的人，或許一時吸睛，但請相信我，在這個社會上，一個有目標、有專業素養的人，更有魅力！

這是一個不容易的世代，懂得「討好」別人不見得是壞事，但更要懂得讓自己有「討喜」的要件，剛強壯膽地作一個有格局、懂上進、有目標且有專業影響力的人，這樣的人氣質油然而生，遠比花心思去巴結、附和別人，還要更受人喜歡、更得人尊敬。可不是嗎？當你活得優秀又能益人時，何懼沒人喜歡？何須有失立場地過度討

好?願我們除了有討好別人的身段,更有讓自己活得討喜的實力與底蘊!

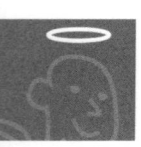

你可以**跑慢點**，
但不能**沒亮點**

　　曾有人形容「人生就像一場馬拉松」，的確，一開始快不是快，誰能先跑到終點還未可知。不知你對「馬拉松」有何印象？這幾年，透過一些媒體的報導或社群平台的呈現，我發現現在人們對馬拉松或路跑的態度很不一樣。過去，馬拉松就是馬拉松，媒體報導也都聚焦於誰跑了第一名或前幾名，但這幾年的馬拉松或是類馬拉松的路跑變得趣味十足，有的強調以某卡通或電影主題人物為裝扮題材，快成了變裝嘉年華會。誰跑了第一名或前幾名，當然還是有人關注，但有時更受矚目的是誰成功地在過程中裝扮得最有趣、最有創意，甚至有人雖

然跑得很慢,卻在抵達終點時求婚,或是忽然拿出預藏的標語來表達自己某方面的訴求,這些人沒跑在前面,但「吸睛」的程度卻一點都不輸跑得快、跑在前面的人們。

在這多元的世代,很多時候我們的人生也是一樣,**你可以跑慢點,但不能沒亮點!** 舉個例子,在我的工作領域中,有些人很快就升等到正教授了,這對許多學者而言是重要的人生解鎖指標。然而,也有些人升等與論文產出的速度很慢,比方說,我認識有學者堅持做某些罕病的研究,罕病的個案與文獻本來就少,收案不易,他的論文產出自然也慢,影響了升等的速度,但他在罕病部分所累積的學術成就後來成為他的「亮點」,也成為許多罕病病人的祝福;我也認識有學者醉心於醫學教育類的研究,醫學教育類的論文未必每個醫療領域的人都重視,這也影響了其論文發表的速度,造成其明明出道比我早,但升等正教授的時間卻比我晚,但其在醫學教育研究上的堅持一樣成了其「亮點」,引起一定程度的關注與肯定。

人生就像一場馬拉松，我們要懂得向著標竿直跑，要努力地跑，但努力的心態並不一定是「努力地跑得比別人快」，而是「努力活出自己的亮點」。

告訴自己：我可以跑慢點，但不能沒亮點！不盲目地跟人比較快慢，而是找到自己的特質並發揚它，才不會換來空虛感；也告訴自己的下一代：你可以跑慢點，但不能沒亮點！讓他別只活在旁人輸贏或快慢的眼光中，而是能活出造物主所賜給他的獨特亮麗。

人生有時就像馬拉松或路跑，但時代不同了，誰說只有跑第一或前幾名到終點的才值得喝采？跑出你的創意與亮點，照樣有專屬於你的掌聲。

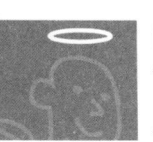

別「急」著把生涯規劃告訴所有人 —— 請學會讓自己「安靜地變強」

心理素質強大的人,往往不會急於炫耀,遑論這樣做往往有害而無益。

在歷史上,猶大王國在西元前曾有個國王名叫希西家,後世史家們普遍對希西家王的評價不差,是許多人眼中的賢君,在當時的中東,希西家王也算得上是一方之霸!然而,晚年的他卻相對顯得有些糊塗,曾有一次,巴比倫王派了使者來猶大王國晉見希西家王,可能是當時的希西家王朝已相對穩定,希西家王也比較安逸、自滿,是以希西家王對來訪的巴比倫使者似乎毫不設防!

第三部:剛強,是懂得專心走自己的路

按文獻記載:「希西家迎見使節,並且讓他們看他的財富——金、銀、香料、香水,和一切軍備;他把全國各地的庫藏和他所有的一切都讓他們看了。」當然,從人性的角度來看,向外人炫耀自己所擁有的,絕對會有一時飄飄然之感。

然而,後來在歷史上發生了什麼事?猶大王國的「國本」被巴比倫摸得一清二楚,後世便常受到巴比倫帝國的掣肘,甚至最後還被巴比倫帝國給滅了!試想,鄰國使者來很可能是不懷好意的,你卻讓他摸透你的財務、兵力,乃至推敲出你國家未來可能有的發展方向與底氣。如果這鄰國是善意的也罷了,但偏偏不是。這樣毫無不設防地自我揭露,猶大王國日後能不滅亡嗎?

其實經營人生也是如此。我很喜歡跟人分享:別「急」著把生涯規劃告訴所有人!這絕不是不能跟人們分享自己的生涯規劃或異象,特別是你的使命需要眾人來一起成全時,但這往往是特例;在大部分的情況下,別急著

分享自己的細部職涯規劃,也不一定需要高調地告訴「所有人」。

首先,並非所有人對你都是善意的! 這世界上當然不會每個人都是你的敵人,但也絕不會每個人都是你的朋友,有的人知道了你的資源與生涯規劃方向後,可能會設計你,或刻意在你未來想走的路上預先放石頭要絆你。我們不能預設每個人都是好人,就像當年拜訪希西家王的巴比倫使者,他並不是善意的。你沒有「義務」要把你的生涯規劃告訴「所有人」。

再者,很少有人的生涯會完全按著計畫走,難免會修正或轉彎,您若「急」著把生涯規劃告訴所有人,只會讓您日後做出必要修正時,陷入不必要的尷尬。

我並不覺得不可以讓別人知道你我的生涯規劃,但別「急」著講,也不一定要到處不設防地跟所有人講,而

要挑對象講。別急著把生涯規劃告訴所有人,是一種成熟、內斂的表現。

人,當然要懂得讓自己變好、變強,但在這詭詐的時代,請學會讓自己「安靜地變強」,而不是四處敲鑼打鼓、鉅細靡遺地張揚自己的下一步細部動向。在社會上行走時,別「急」著把生涯規劃毫不設防地告訴所有人,**不止是保護自己,有時更是保護上天所賜給你我的夢想。**

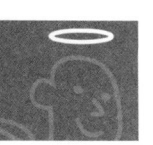

四處「打聽」別人，
不如**專心「打造」自己**

　　曾經聽一位傳播界的資深工作者分享，八卦新聞是許多民眾在理智上覺得最不重要，卻往往是點閱率排名前端的一種新聞。這似乎是一種人性？人們總是喜歡「打聽」別人，特別那些看起來過得比自己好、很傑出的人物，總是會讓人們想窺視他們的私生活，或放大其某些舉止，如果能夠打聽到某些私下的話題甚至黑歷史，一傳十、十傳百，管它傳的內容對不對，或是否被過度解讀，都是令人嗜聽的話題，無怪乎當年所羅門王曾形容：「傳舌人的言語，如同美食，深入人的心腹。」意思是八卦消息就像美食一樣，會讓人們爭相走告。

有時即便沒有直接傳來的名人消息，在這資訊相對透明的世代，人們也會喜歡主動去觀察某些比自己傑出的人物、或是自己曾經很在乎的人目前的個人動態，看看有甚麼蛛絲馬跡沒有,或是比較看看誰現在過得比較好。但不知大家是否注意到，一天就是二十四小時，習慣性花太多時間去「打聽」別人的人，往往很難有較佳的成就，因為時間管理的關鍵在於你我花多少時間專心「打造」自己！

　　名人私人的生活怎麼樣，只要無傷道德規範，其實也跟你我無關，與其花時間去「打聽」他們，不如花時間去「打造」自己的職場品牌與競爭力，讓自己更向上提升。

　　有些舊情人或曾經有衝突而不連絡的人們現在過得怎麼樣，說真的也無須太過在意了，與其花時間去打聽他們，不如學會放下。你未來的人生幸不幸福，已跟他們無關，而是跟你往後如何積極地經營自己的生活與恩賜

有關。每個人都要為自己的人生負責，他們不會替你打造你要的理想人生。

好八卦、喜獵奇，是一種人性，偶爾這麼做無傷大雅，但若過了頭，便成了一種蹉跎，不要落在這種人性的軟弱面太久。四處「打聽」別人，不如專心「打造」自己！**你把時間用在哪裡，你的成就就會在那裡，專心打造自己，讓自己成為一個更好的人**，你我的人生將會更不一樣。

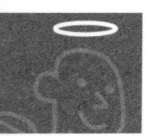

你不用勉強自己外向，
但要有**人生方向**

　　有一次我去上一個電視談話性節目，主題是「內向」。其中有位自認內向的來賓作了生動的描述，她說自己跟先生的個性截然不同，有一次他們夫婦主辦一個營會，到了晚上，兩個人都覺得總算可以休息了，她想要的休息，是一個人好好靜一靜、重新得力，但她先生想要的「休息」卻是找群朋友來熱鬧熱鬧，才能覺得放鬆。兩人忙碌完後對「休息」的期待，可說是南轅北轍，她顯然屬於內向型，而她先生則是典型的外向型。

　　我是一個精神科職能治療專家，曾有不少個案跟我分

享，他們覺得自己內向的性格讓他們在職場上很吃虧，當然，這是他們個人的主觀自述，但其實任何的優缺點都是一體兩面。的確，有時外向的人在年輕時確實較容易在人群中被看見，但內向也是一種上天所賜予的人格資產，可以帶出某些外向者所未必能有的優勢。哪一種比較好？其實難以定論，因為比起「內向」或「外向」，更重要的其實是一個人有沒有「人生方向」。

不可否認，外向的人有時的確比較醒目，特別是從事業務或檯面上的領導或服務任務等，但其實內向者至少有以下三個優勢，若好好發揮，可以幫助自己沉澱出人生方向與定位，甚至成為更好的領袖人物。

1. 善用內向者「善於傾聽」的特質： 內向者話少，可以利用這點培養出善於傾聽的習慣，樂於傾聽的人不但討人喜歡，亦可以趁此多聽聽別人的看法，多觀察別人職涯的成功或失敗，進而從中歸納出適合自己的奮鬥模式。

2. **善用內向的「謹慎」特質：**內向的人話少，可以利用這點來培養謹慎的習慣，審慎「盤點」自己的優勢或弱點。一個人若能更瞭解自己，這對其生涯決策太有幫助了。

3. **精準挑選出值得信賴的「人生教練」：**內向的人不一定會習慣到處找人說話，相對的，內向的人比較會挑對象說話，而非在團體中逢人就講。這種特質若善加利用，有助於一個人更謹慎而精準地挑選出值得信賴的人生教練，為自己過濾出值得訴說的對象與值得聽的意見，反而不易在人生關鍵時刻落入迷惘。

如果你是個內向的人，與其強迫自己變得外向，不如發揮造物主給內向者的優勢，進而找到自己的方向。你可以不外向，但不能沒人生方向！當一個人找到自己的人生方向，無論外向或內向，都可以活出應有的豐盛與精采。

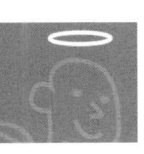

跟不珍惜你恩賜的人在一起，**有時不是「磨練」**而是「磨損」

這幾年看了些人與事，有感而發寫了以下的故事：

有一天，在一座鳥園裡，保育員有事要離開一陣子，吩咐眾鳥們妥善相處。但保育員暫離後，鴨子們的首領——鴨王，因著自覺此生深受保育員的照顧，既然保育員不在，理當要替保育員在園內為眾鳥們做點事！再加上鴨子數量眾多，鴨王便開始自命不凡，宣布要針對鳥園內的所有鳥類建立一套統一的栽培制度，造就園內所有的鳥類。

鴨王來到才剛成年的老鷹面前，彼此張開翅膀比對了一下，便對老鷹說：「你的翅膀羽毛太多，翅翼太長了！我們都沒有這樣，你該把翅翼給剪短，剪到跟我們一樣。」鴨王畢竟是長輩，老鷹礙於「鳥」情壓力，被迫順服鴨王，剪短了翅翼，卻無法如從前那樣飛了！鴨王便笑他：「你這隻老鷹怎麼不會飛呢？來！我來找隻鴨子來教你怎麼飛吧！」於是，那隻剪短翅膀的老鷹，便只好認了隻鴨子當自己的飛行教練。

　　後來，鴨王還囑咐那老鷹加入牠安排的游泳培訓課程，但老鷹哪是水鳥啊！腳上根本沒有蹼的牠，游得狼狽不堪，也讓其他鳥兒們在岸旁看得捧腹大笑。

　　後來，保育員回來了，他看到鴨王種種自命不凡的作為後，搖頭不已，不容許牠繼續在園內稱王。保育員也設法醫好了老鷹的翅膀，讓牠專心作隻老鷹，專心用老鷹的天性自由地練習飛翔，並鼓勵各種鳥類活出自己的樣式，沒多久，鳥園內又恢復了應有的氣息。

上述這故事是我自己編撰的，但在故事中「先把老鷹翅翼剪掉，再叫牠去跟鴨子學飛」、「認為老鷹該去跟鴨子一起參加游泳培訓」的莞爾情節，或許在某些人看來有既視感！這故事是要帶出一個道理：跟不珍惜你恩賜的人在一起，是一種災難！就像故事中鴨王對老鷹的「培訓」或許並無惡意，但牠並不珍惜老鷹的恩賜，這樣的培訓對老鷹而言與其說是「磨練」，倒不如說是「磨損」；只想把老鷹改造成自己想看的樣子，卻讓老鷹失去了活出上天造牠時所賦予牠特質的機會。

在歷史上，宣教士保羅曾提醒世人「我們所得的恩賜，各有不同」、「要愛惜光陰」，其中的綜合意涵包括了要世人尊重彼此不同的恩賜，且應積極利用時間活出自己的特質，栽培自己的恩賜。

的確，有時上天固然會刻意讓某些為難我們的人出現，為要砥礪我們的心性；但我們在擇友時，也要有智慧分辨，因為跟某些不懂得珍惜你恩賜的人在一起，有

時不是「磨練」、而是「磨損」！而某些人之所以不珍惜你的恩賜，原因可能很多，可能是尚不瞭解你，也可能是故意為之；但無論如何，這並不是要我們去敵視那些尚看不見我們價值的人們，而是要懂得適時、適度地抽離某些人對你的「轄制」，把時間放在讓自己在該磨練的場域中磨練，才能讓自己活出應有的原廠設定！

　　親愛的朋友，「剛強」要用對地方，不是一味地強勢要求別人活成我們想看的樣子；而如果碰上這種觀念狹隘但強勢的人，也要懂得適時地勇敢抽離，這才叫做剛強。人生當然會有吃苦的時候，但人生的時間也有限，吃苦，要吃有精進目標的苦。願我們所吃的苦是有意義的磨練，而非磨損。

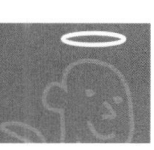

拒絕別人有時不是自私，
而是**自愛**

　　阿雄是個胸有抱負的青年，他從學生時代就參與了某個志願性的團體，出社會後，他想繼續在專業上深造，想在工作績效上有所精進，卻被那個志願性團體的某些長輩訓斥：「何必把時間花在追逐那些世俗的東西上呢？」「把力氣用來跟著我們的目標走就好啦！」由於那些說詞聽似神聖，讓阿雄產生了一定程度的道德錯覺，便放棄原先的職涯規劃。那幾年，阿雄的專業能力成長有限，在職場上漸漸被許多同輩拉開差距，許多光陰蹉跎掉了，而那些用人情與道德壓力綁住阿雄時間的長輩們呢？其實也不能為他負責什麼，甚至有些當初嘴上講

得清高的長輩自己也淡出或退出了那個團體。後來，阿雄決定珍惜上天給他的恩賜，努力進修，積極上進，幾年之後，成為社會上有影響力的年輕一輩。

有時我們不太好意思拒絕別人，總覺得拒絕別人的人好似不合群、只顧自己，然而，我很喜歡分享：**拒絕別人有時不是「自私」，而是「自愛」！**就像上述的故事，某些看似高尚的人情與道德壓力，其實不是真的對你我多有感情，也不是真的有多高的道德，只是想利用你我去成就他們一時所想看到的畫面，至於你的人生或發展有沒有發揮造物主所賜下的特質，那些人未必真的在乎。我們如果不懂自愛，不懂積極活出自己的獨特或使命，就會被某些言詞給套住。

拒絕別人有時不是「自私」，而是「自愛」！有時別人未必有惡意，但有幾點是我們可以注意的：

1. 不輕易當外人的財務保證人：有的人可能真的

有急需，但在不瞭解的情況下，勿輕易替不夠熟識的人在財務上做法律層面的背書。無論那個人過去的形象再好，都要謹慎。

2. 不輕易受煽動、跟風罵人： 拒絕在自己不瞭解狀況的情形下，跟風去公開罵某些人。社會上或職場上，有些人很有技巧，會在煽動人們去攻訐自己所不喜歡的對象後，自己卻在關鍵時刻收手，作壁上觀，甚至還跳出來矯情地當和事佬，收割兩敗俱傷後的場面。拒絕輕易被煽動去攻訐他人，是一種自愛。

3. 不輕易因別人的人情壓力而放棄自己的理想： 每個人一天都只有二十四小時，許多人都有自己明確的理想與目標，上天絕對是希望人們彼此成全，而並非彼此耽誤、彼此拉扯。不輕易因別人的人情壓力而放棄自己的理想，要珍視上天賜給我們的目標與時間。

拒絕別人有時不是「自私」,而是「自愛」!學習作一個眞好人,而不是濫好人。珍視自己的時間,珍視自己的名聲,珍視自己的理想與成就,你會成為一個更「好」的人,而這樣的「好」,才能造福更多人,才能帶來心中眞正的踏實與平安。

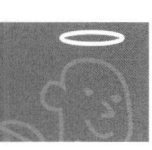

勉強自己合群，
不如**找到自己的方向**

　　大明和小明在大學時都是某群體的成員，該群體常有許多團聚、玩樂的活動，大明總是參加，他很喜歡參加嗎？其實不見得，只是他怕若不這麼做，會讓人覺得他不合群，所以他總是跟著參加該群體大大小小的活動。小明則不一樣，年輕的他開始思考如此過多玩樂的未來效益，雖仍屬該群體成員，但開始減少在該群體參與聊天、玩樂的時間，他開始尋求、培養自己某方面的才能，沒幾年的時間，小明在該方面的才能已開始被社會看見，成為許多人的祝福，許多人或團體也因著小明在該方面的表現與成就，主動來跟他接觸、互動。

而大明呢？當年他怕被人說是不合群，便把時間花在從眾上，相對而言便沒時間認真思考自己的未來，出了社會之後，並沒有清晰的生涯規劃或具體的專長、特色。社會是現實的，淪為平庸的大明，反而被某些很務實的社會人士評為「不具社交價值的人」，讓他不禁感慨世態炎涼。

我很喜歡分享一個觀念：勉強自己合群，不如找到自己的方向！**很多人很怕自己跟大家不一樣，很怕若不去跟身邊的同儕做一樣的事，會被討厭、會被淘汰，但其實這個社會真正會淘汰的，是沒有方向感的人**。沒有方向、沒有特色的人雖不是壞人，但往往是難以生存的人。

「從眾」有時是一個美好的選項，但並非一種義務，更不該成為一種綑綁，畢竟每個人都有自己的獨特，有時要學會獨特得理直氣壯、開心得心安理得，別為了盲從群體、盲求認同，而失去了自己所應有的精采！

很多人也許覺得上天待人不盡然公平,但有一點很公平,那就是每個人每一天都是二十四小時,是以《聖經》上曾提醒世人:「要謹慎行事,不要像愚昧人⋯⋯要愛惜光陰⋯⋯不要作糊塗人。」你會不會把時間拿去做太多「勉強自己合群」的糊塗事,而沒有把時間用來好好找尋自己的方向,經營自己某方面的競爭力?

但本文絕對不是要鼓勵大家作離群索居的人,只是每個人的方向都不一樣,要走出、走好自己的路,就是必須下工夫!我們若能每週空出個二到三小時,有計畫地、積極地栽培自己某領域有用的技能,累積一年下來,就是上百個小時,足以讓你跟同儕有明顯不同;若繼續累積幾年下來,累積了上千個小時的練習,「數千個小時的累積練習」足以讓你成為某方面的佼佼者。

勉強自己合群,不如找到自己的方向!花時間盲目從眾,不一定能活出價值;培養自己的方向與特長,才能真正有益於眾人。願我們都成為有方向、有價值的人。

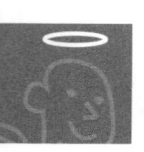

剛強，就是**把時間留給對的人、做對的事**

剛強，與其說是一種「情緒管理」，倒不如說是一種「目標管理」，特別是在這資訊爆棚的世代，我們更要懂得「把時間留給對的人、做對的事」，才能讓世界因你我而變得更美好。讓我們來看兩個例子：

R先生在社群軟體上因為個人信仰立場而被人匿名攻訐，攻訐的字眼幾乎快越過法律界限，弄得他很不開心，一整個周末都氣急敗壞，想著要怎麼回罵那些攻訐他的人。其實那個周末R先生本來答應要帶孩子出去遊玩，卻因為要回應那些留言，而擱置了與孩子同遊的親子時光。

S先生是位學者，有個疑似偏執型人格者不斷針對他的學術理念加以消遣、求辯論，S先生氣不過，每每反唇相譏，並針對對方的觀點一一回應之，但這麼做也花了S先生不少的時間和精力；而當S先生糾結於那些紛擾時，一些跟他同級的學者們，已開始陸續發表不少有益於人的學術研究成果，沒有多久，許多原本跟S先生同級的學者都升等了，而S先生的學術職等卻仍停留在原地踏步。

這世界有時很複雜、苛刻，很多人對我們的態度未必友善，這時，剛強的原則該是什麼？剛強，不是硬去跟不喜歡你我的人對槓，當然更不是對所有的批評指教都點頭稱是、屈膝接受，**剛強有時是一種「目標管理」，是懂得「忽略」某些不值得的人言或鳥事！**剛強，是要懂得「把時間留給對的人、做對的事」，這世界才會因你的原則而更好。

曾經在社群平台上看過一段話說：「你不可能總是停

下來向每條對你狂吠的狗扔石頭,這樣你將永遠抵達不了目的地。」可不是嗎?親愛的朋友,我們沒有「義務」去回應所有偏激的人言或挑釁,我們該把時間投注在更美好的事物上。在這有時並不友善的世代,剛強,是懂得把時間留給對的人,很多時候我們太過在意某些偏執人士的評論,急著對其觀點一一回應,卻忘了我們生命中有更可貴、更值得我們花時間相處的人正在等我們;剛強,是懂得利用時間去做對的事,很多時候當你花太多時間去跟某些不值得的人鬥氣同時,在職場上跟你同級的那些人可能正在精進自己,不需兩年的功夫,他們跟你之間的差距就會被拉開,把你拋在後面。

　　剛強,是一種心理素質!是懂得讓自己變得更好,進而讓這世界更好,而不是讓自己去陪某些不值得的人虛耗在烏煙瘴氣的不入流糾結中。剛強不是事事回擊,一天就是二十四小時,把時間留給對的人、做對的事,這個世界才會變得更美好。願我們都成為「剛強」的人。

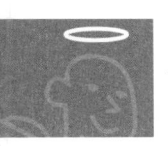

人生，有「**使命感**」比「乖」重要

護理師是現今人類社會中不可或缺的重要角色，若提到歷史上的護理師典範，許多人都會直接聯想到「南丁格爾」這位英籍護理師。她出身自上流社會，是富二代，在她那個年代，護理師常被認為是偏向中下階層人士的職業，她卻自願擔任護理師，甚至在克里米亞戰爭時到前線去做照護工作。

而她以護理師為職志的舉動，曾令家裡的長輩很不滿，認為她有良好的家學與家業，理當有許多上流的工作可以選擇，為何要去做當時被認為是中下階層人士才

會做的工作呢？但南丁格爾沒有乖乖聽家人的話，她認為去當護理師是「上帝要她去做的事」，而也因為她受過良好的教育，她善用統計學呈現臨床照護的缺失與需求，大大提升了照護品質，造福了許多病人，她的生日甚至被訂為「國際護理師節」。

其實類似南丁格爾這樣做生涯決策的人才並不少見，如果要我下一個注解，我會說：人生，有「使命感」比「乖」重要！如果南丁格爾當年乖乖順從長輩對她的職涯期待，她的生命可能不會有後來的光彩。當然，有「使命感」和「乖」兩者之間並不衝突，只是說起「有使命感比乖重要」這樣的話時，的確會令人感到熱血沸騰，但有兩點值得我們深思、分辨：

1. **真正使命感會帶來「平安」，而不是出於「血氣」**：一個人真的去做有使命感的事時，會帶來平安。某些時候我們之所以不願意乖乖聽話，是出於血氣，想證明自己給某些討厭的人看，想證明自己比別

人強,但這樣的血氣未必能成事,就算出了一時之氣,卻也可能蹉跎了光陰。

2. **火熱不是「一時的外顯情緒」,而是「續航力」**:提到使命感,許多人會聯想到一個形容詞——「火熱」,可以指心中有熱情之意。真正的使命感,不是一時的外顯情緒,而是一種「續航力」。真正的「火熱」會像一艘船裡頭的渦輪,你未必看得到它的火在燒,但它若持續向前航行,你便可肯定它裡頭的渦輪是有火在燒的;反之,如果一艘船動也不動,你卻在它上面看到熊熊烈火,那絕對是災難,成了火燒船的船難了!如果我們滿口口號、情緒高漲,但不動或沒行進方向,恐怕就會像後者。

「乖」沒有不好,但人生有「使命感」比「乖」更重要!事實上,一個人若只懂得乖順,只懂得遷就、迎合長輩,卻不懂得活出使命,在這個世代不但感受不到幸福,反而容易陷入憂鬱。然而,我們也要確認自己所謂

的使命感是出於平安,而非血氣;使命感不是只有一時的高亢情緒,更是一種職涯上的續航力。願我們都找到自己人生的使命感,活出各自的美好。

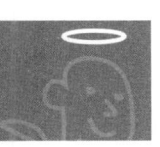

中年之後，你要擬一份「**不辦清單**」

小李從年輕的時候起，常義務去一個非營利團體彈琴，分文未取地為該團體貢獻了不少心力。但到中年之後，小李的父母年紀已老邁，母親甚至疑似輕度失智，需要他多關注，再加上小李的小孩正年幼，且自己的工作專業也面臨需向上提升與精進的關鍵期，實在沒有辦法再像年輕時花那麼多時間去為該非營利團體彈琴、練琴，於是他不得不向該團體的主事成員表達需暫時放下那份義務的付出，並祝福他們找到接替人選。

豈料，該團體的主事者聽了小李的抉擇之後，神情嚴

肅，不斷向小李強調該團體的存在是很神聖的，甚至還暗示小李如果不能繼續像之前那樣地義務參與，可能會在冥冥中失去很多「福報」。小李聽了很困擾，便來找我、問我意見，我跟小李分享，我相信正如該團體的主事者所說，在造物主眼中那個非營利團體的確很神聖，但造物主不是「好論斷」的主，我相信在祂眼中，很多事情都很神聖，小李多花時間陪伴疑似輕度失智的母親也很神聖，多陪伴自己的孩子也很神聖，多精進自己的工作專業度以幫助更多人也很神聖；仁慈的造物主絕不會因為他現階段選擇暫時減少對該團體的投入、多投入自己的天職與家庭，便少給他應有的福氣，甚至反而會因為他選擇去做現階段更該做的事，甚或是一些檯面上別人看不到的美事，因而更多賜福給他。

我有一位朋友的職業是牧師，他擔任不少公益組織的董監事，並利用閒暇時間寫不少造就人心的文章。有一次他私下跟我分享，除非他特別有感動，不然他目前原則上不接車程超過一個鐘頭以上的講台邀約。我一聽，

馬上能領會,並且理解、同理他的這個原則。很多人也許會不解,會認為他的職業不是牧師嗎?不是喜歡投入公益嗎?有講台邀約怎麼還可以「挑」呢?應該是哪怕千里迢迢、單趟花個十個鐘頭卻只有十個人聽的場合,他也得去,這才對啊!但我不這樣想,我認為這位牧師「不接車程超過一個鐘頭的講台邀約」的做法有其必要性,否則若來者不拒,時間全花在車程上,他哪還有辦法靜下心去規劃那樣多公益活動?哪還有時間寫文章?哪還有時間準備講稿?哪還有時間跟家人互動?「不接車程超過一個鐘頭的講台邀約」的做法也許不適用於每個人,但很可取的是,人就是必須有「取捨」,才能成器。

以上兩個故事都是真實的案例,我常跟人們分享:**中年之後,你要擬一份「不辦清單」!**人生有「待辦清單」很重要,而擬出自己現階段的「不辦清單」亦同等重要,如此,你我才有辦法省下力氣、集中時間,把人生現階段待辦清單中的事做好、做精、做出格局!

當然,每個人的「不辦清單」,會隨著每個人的使命感或生涯發展階段而有所改變。

這世界上有很多有意義的事,或者該說,任何一件事都可以被在乎它的人們講得很有意義。然而,事實上我們不可能所有有意義的事都參一腳去做,那將分散我們的時間與精力,最後弄得一事無成,處處被詬病。年輕的時候羈絆少,相對適合多方嘗試、探索;但中年之後,有時要學會擬出自己階段性的「不辦清單」,避免自己活得透支與茫然。

「中年族群」是心理健康專家們最在乎的「三明治族」,家有老小、工作也面臨關鍵期,是精神健康上最容易耗竭的年紀。中年的你,要懂得為自己擬一份「不辦清單」。也許有某些不成熟的人會不諒解你,但我要說:上帝愛你,祂在乎你的兩難,在乎你的委屈,在乎你的生涯!祂必幫助你去分辨何者是你該做的事,並在這其中為你預備不願理解你處境的人口中所吐不出的福氣與恩典。

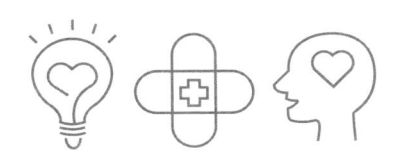

心靈維他命 A
助你我看清當行的路

　　這一部談「剛強,是懂得專心走自己的路」,專注走自己的路有時不只需要勇氣,更需要精準的目光與視野。在醫學上「維他命 A」有個別稱叫做「護眼營養素」,對眼睛有正面的益處,期待前面這幾篇文章能發揮「心靈維他命 A」的作用,助你我在人生旅途上有更精準的眼力,看清哪條是當走的路,看清哪些人值得學習。

第四部 剛強，是活出應有的大氣與美好

～不是膽怯的心，乃是剛強、仁愛、謹守的心。

把自己過好，
就是你**最好的反擊**

　　這世上有很多很美的風景，有人說最美的風景是人；但我們也不可否認，這世上並不是每個人都以善意待我們，有些人或事，就像偶爾滴在汽車擋風玻璃上的鳥屎一樣，驟然滴下，還真讓人防不勝防。怎麼辦？很多時候在面對別人的惡意時，「把自己過好」就是我們最好的反擊！

　　舉例來說，這是個網路發達的世代，卻也讓某些沒品的人喜歡不用真名與真人像故意指名批評、論斷，或捏造非事實言論攻訐你，目的是什麼？或許不只一個，但

其中一個目的一定是希望看你我難過、停止進步。學習忽略某些沒品的言論，不把自己降到跟那些低階論調同等，把自己的心情顧好，繼續開心去做你我該做的有意義之事，不讓惡者稱心如意，這就是你我最好的反擊！

這也是個喜歡酸別人學歷或母校的時代，許多人喜歡諷刺某些人的母校或科系不好，但這些已是既定事實，怎麼辦？其實行行出狀元，試著活出自己科系或求學歷程的特色，別活在某些人嘴巴所說的框架裡！在我的領域中，我認識一些前輩學者，他們的博士學位並非在所謂的名校拿的，有的連博士學位都沒有，卻一路升等到正教授，論文產能甚至遠比某些名校博士來得更強。他們年輕時也許也被人酸過學歷，但做出成績後沒人再敢虧他們。把自己的事做到好，就是他們對當初那些酸言最有力道的回應！

這世上固然有許多批評是出於好意，是希望我們更好，卻也有不少批評其實就是出於惡意、故意，或是出

於某種病態心理。你要花時間降低層次跟某些不健康的言論攪和嗎？你越氣急敗壞、越止步不前，某些病態人格者看了就越是得意。你當然可以「反擊」，**但最好的反擊方式是「把自己過好」，不讓自己活在某些人的嘴巴裡，專注於自己的人生使命，活出某些人在你身上所不樂見的喜樂和大氣，就是你最有意義的反擊！**這樣的反擊不在於報復對方，乃在於襯托出不一樣的格局，鍛造出不一樣的成就，進而使社會因你我而更好。把自己過好，是你最好的反擊！祝福你在面對某些病態言論時能不被綑綁，反擊成功！

人人都有「想法」，
但你要懂得「想辦法」

證明自己「強」的方式不是靠話多，而是設法做出有益於人的行動成果。

有個故事說道有位小女孩提了籃橘子，走在路上時忽然滑倒了，橘子掉落一地，小女孩見狀，無助地坐在地上嚎啕大哭，許多路人圍過來七嘴八舌地發表意見：「這籃子可能不夠堅固，所以橘子灑了一地？」「可能是地面太滑了？」「我看，應該是這小妹妹走路不專心？」

正當眾人忙著發表自己的想法時，一名中年男子走了

過來，給小女孩一個新袋子，說：「沒關係，橘子雖然掉了，但沒壞，趁現在這些橘子還沒被人踩到之前，妳趕快把地上的橘子撿起來裝進袋子裡。來！我幫妳一起撿。」

我很喜歡上述這個故事。這個世界上的確有很多讓我們看了覺得不圓滿的地方，然而這個世上從來不缺有「想法」的人，但缺「想辦法」的人！上天給了我們會思考的大腦，是以只要是人就會有「想法」，就會有各種感觸或意見，但我們願意「想辦法」嗎？

就像本文開頭故事中那些圍著不圓滿事件議論紛紛的眾人，他們對小女孩灑落了一地橘子的窘態，有各種想法與評論，但只有一位願意站出來為她想辦法，解決眼下的困難。

在《舊約聖經》中有部禱詞作品集《詩篇》，當中收集了許多先賢的作品，當中有多位先賢因著惡待自己的

人或自己不幸的際遇，而有很多「想法」與感觸，是以當中的許多詩詞作品，用了很多的情緒與形容詞去描繪、批判某些人或大環境。但除了那些個人想法之外，先賢也在禱詞中求助上天，讓自己能懂得「想辦法」，能夠有智慧去面對這一切，而不只是停留在對某些人或事的批判與感慨之中，這是他們在歷史上之所以能夠活出不同格局的關鍵。

這是個思想自由、言論開放的世代，是以人人都有「想法」，但優秀的關鍵乃在於你能否懂得「想辦法」。想法誰都有，但若能用心具體地想辦法，針對當下問題想出解決之道，讓整體更好，那麼，你的格局將大大不一樣！

一個人開始變老，
從看不見別人的優點開始

　　有位非常資深的文字工作者，過去曾有過不錯的經歷，後來被延攬擔任某媒體機構的高階主管。因為他本身也算閱歷豐富，是以每當有年輕一輩提出一些合作方案時，他總是會以父執輩的口吻，毫不客氣地點出那些方案的弱點，並標榜自己過去數十年來的經歷，然而，哪個方案沒有潛在的缺點呢？後來，那些年輕人把同樣的構想、提案，拿去跟其他媒體機構合作，反而創造了不錯的成績。而那位資深文字工作者所主持的媒體機構呢？卻總是困在某些瓶頸中。

許多人不喜歡「老」這個形容詞，但在我心目中，「老」這個字與其說是用來形容一個人的生理年紀，其實更適於形容一個人的心境。我們來看看許多被用來形容老人的負面成語，包括食古不化、冥頑不化、墨守成規等，這些都不是指年齡上的狀態，而是行為上的自我與固著。若剖析上述那些成語，請容我這麼說：一個人開始變老，往往會從「看不見別人的優點」開始！

可不是嗎？無論我們幾歲，當我們總是只談論自己過去某些陳年的成功經驗，而聽不進別人所談的最新趨勢時，那就會讓別人覺得我們好老。

無論我們幾歲，當我們只看得到上一輩過往的豐功偉績，而看不見年輕一輩的影響力與潛力時，也會讓別人覺得我們好老。

無論我們幾歲，當面對新的社會現象與思潮，總是只會激起我們心中不必要的防衛機轉而一概否定，不去省

思這些現象背後的益處與可學習之處時，也會讓我們看起來很老。

在歷史上，使徒保羅有句名言：「要存心謙卑，各人看別人比自己強。」這句話的意思不是要我們自卑、自輕，或是毫無主見，成天只會順從別人的意見，而是要我們懂得看見別人的優點，欣賞別人比自己強的部分。在社會上，許多很有成就的人，即便年齡相對偏大，也都能讓人感覺得到他們的年輕與活力，為什麼？因為他們懂得謙卑地看到別人的優點，並不斷學習之。這樣的人，不易讓人感覺他們老，也相對容易有成就。

切記，**老，是一種心境，當一個人開始變老時，往往會從「看不見別人的優點」開始！**在生活中，你懂得去看見別人比自己強的部分嗎？願我們都能學習謙卑地看別人的優點，從中找到我們可學習之處，讓我們的心境常保年輕。祝福各位青春永駐。

不曾受過傷的人，
才會去嘲笑別人身上的疤

　　F先生是個有遠大志向的人，且熟讀宗教經典中的字句。當他看到有人忽然生病時，他會議論一定是這人過去所做的某些事引起上天不滿，所以才會生病，他會去要那些在病榻上的人認罪；當他看到有些人因為心理疾病而差點選擇以人們所不樂見的方式離開世界時，他也會義正詞嚴地斥責有那些念頭的人犯了大罪，因為這是辜負了上天所賜下的生命，也不管這樣的公開斥責是否會適得其反地加重那些病友的負面情緒，或使其家屬難堪。

但沒有誰的人生只會一帆風順的,就如台語常說「囂張沒有落魄的久」,這位常拿宗教經典字句去苛視、撻伐別人的 F 先生,竟患上了某種特殊的身體疾病,久病的痛苦與難堪,讓他陷入了深深的憂鬱之中。好在他身邊有一群善良的人們,不但沒有用他當年論斷別人的方式去論斷他,反而常去探訪他,後來,他再也不像之前那樣苛責別人的苦難與軟弱了。

我在大學開設精神科職能治療方面的課程,我常跟學生們分享:「當你穿上白袍時,千萬不要輕視眼前某些正在憂鬱中的人們,也不要自覺比他們高尚。今天之所以他們是病人而我們是治療師,並非是我們比較優越,而是因為上天沒有把加諸他們身上的苦難加諸我們身上;如果上天哪天真把加諸他們身上的苦難加諸我們身上,可能我們也要住到他隔壁床去了。」

不曾受過傷的人,才會去嘲笑別人身上的疤。每個人的人生都可能有各自的難處與傷痛,不要任意輕看別人

的苦難；**有時我們太急於在眾人面前彰顯所謂的自潔與公義，反而向社會示範了什麼叫做刻薄與膚淺。**

可不是嗎？我們若不小心，很容易會在某些困苦和低潮者面前流露出莫名的優越感！是以古代《箴言》書中，曾有智者描繪那些嘲諷與責罵苦難者的人們，說：「有一種人牙如劍，齒如刀，要吞滅地上的困苦人和世人中的貧窮人。」當我們輕看別人的苦難、貶抑別人的傷疤時，很少會意識到自己當下的嘴臉是何等難看。

上天給每個人不同種類、不同程度的難處，不是要我們彼此議論、互相嘲諷，而是要我們學習彼此擔待、互相扶持。願我們的幸運或強大，成為我們幫助別人的條件，而不是成為我們看輕別人的題材。

別在該陪伴時
選擇論斷

有三個故事很值得省思。

有位中年男子 T 先生四十多歲就因為肝疾而過世，遠親長輩來家中慰問時，皺著眉頭惋惜地質問家屬說：「怎麼會這樣呢？是不是太愛喝酒沒節制？」「還很年輕啊！怎麼沒有好好珍惜自己的身體？」說的有沒有道理？其實在醫學上還滿有道理的，但這些言論卻讓尚處在治喪期、憂傷不已的家屬當下聽在耳裡，覺得頗感違和。

也曾有位公眾人物 U 先生，以眾人所不樂見的方式離開了，遺族們難過不已，這時，有宗教激進分子站出來公開指名議論，說：「怎麼會憂鬱到想結束自己的性命呢？會憂鬱就代表他沒有信心啊，可見他平時所見證的信仰不是真的。」「自殺是一種罪，而且罪很大。」這些議論有沒有道理？或許在宗教上有其邏輯性，但這些議論卻讓尚在悲痛中無法平復的遺族們，除了要面對喪親之痛外，又需面對被議論的尷尬。那些宗教激進分子顯然忽略了在自殺防治中，「接住家屬」也是重要的一環，否則稍有不慎就可能續增憾事。

曾有位 V 女士因為遭遇職場霸凌而陷入憂鬱、悲憤，便到某個團體尋求心靈支持，後來，團體中某個意見領袖，對這位因被職場霸凌而受傷不已的 V 女士滔滔不絕地說：「妳現在必須學會饒恕！因為饒恕才能帶來療癒。」「妳不饒恕，福氣就進不去妳的生命中。」說的有沒有道理？也許不無道理，但急著怪罪受害者不懂得所謂的饒恕，這種高壓的道德訓斥卻猶如冷血控訴，讓

仍處於低潮中的受害者 V 女士聽了深受二度傷害，從此之後，再也不願踏入該團體半步。

這個社會常強調「素養」，而甚麼是我們在生活中需要注重的素養？答案或許不只一種，但其中有一種素養絕對很值得與現代人共勉，那就是「別在該陪伴時選擇論斷」！

這是一個保障言論自由的時代，是以我們一不小心會常用「是就說是，不是就說不是」這樣的名言來為自己的快言快語或直爽性格背書，卻忘了也要懂得「與哀哭的人同哭」的原則。要懂得適時地在關鍵時刻閉嘴，懂得評論時需要看時機，懂得評論時要給當事人留一點餘地。

別在該陪伴時選擇論斷！因為我們自己也不完美，我們自己也會有需要被陪伴的時候。有時我們急著論斷軟弱者，急著想表現自己的精明、公義，結果反而顯出了

自己的刻薄。事實上，**有時靜靜地陪伴，絕對會比急著論斷更能夠改變一切，更能夠讓人看到人性的光輝。** 願我們都能有「別在該陪伴時選擇論斷」的素養。

有一種焦慮，叫做「希望每個人都喜歡我」

　　我很喜歡歷史上的古以色列國國王——大衛王，若從今天的角度來看，他是一個在職場上、社會上處事非常「周到」的人。他年少得志，卻很少僭越位分，甚至在聽聞過去追殺自己的前輩陣亡時，不但沒有幸災樂禍，反而還對其過往表現出一定程度的公道稱許與哀悼。一位如此彬彬有禮、應對得體的氣質王者，在他的詩詞作品中卻常提到「敵人」二字，提到某些不喜歡他、想加害他的人們對他所造成的心理傷害。試想，若一個待人處事如此「周到」的人都有敵人，都還有人會不喜歡他，那麼像我們這樣的一般人，若碰到有人不喜歡我們，似

是人生常態。

身為精神科的治療師，我很喜歡分享：這世上有一種焦慮，叫做「希望每個人都喜歡我」！有些人常患得患失，深怕自己的路線或想法會有人不喜歡，總想極力討好每個人，深恐不知哪天有某個人會對自己有所負評。這種活法，往往讓自己越活越「累」，不但沒有讓自己的人際關係更加圓滿，反而活得疲於奔命、顧此失彼，失去更多人的敬重。

事實上，「希望每個人都喜歡我」不但不切實際，且往往徒增焦慮。如果你是個很敏感、很在乎每個人是否都喜歡自己的人，不妨參考以下想法：

1. **上天有時就是會容許某些不喜歡我們的人出現：**那些人的出現未必一定是你我有甚麼地方做錯，而是上天有時藉由他們的存在，來促使我們去精進某些還可以更完美的地方。如果你已盡力使人和睦，卻

仍有人不喜歡你，這說不定是上天的另類賜福，為要使你成為一個更好的人。

2. **很多時候，大部分的人根本大多數時間並沒有在關注你：** 許多人為自己的言行或抉擇是否讓其他人有微詞而焦慮，然而大部分時候，其他人其實根本沒在關注你！很多時候我們過度活在一種眾目睽睽的錯覺中，進而衍生了不必要的焦慮。

3. **人生成事的關鍵在「讓優點更強大」：** 容我這樣說，許多不喜歡你或攻訐你的人，都是聚焦在你「所謂的缺點」上論斷，但優缺點常是一體兩面的。有些缺點固然值得改進，但事實上沒有一個人可以改進在別人眼中的所有缺點，畢竟每個人看我們的角度都不同。人生到了某一階段後，經營人生的關鍵並不在浪費時間去期望「改變自己在每個人眼中的所有缺點」，而是在努力「讓自己的優點更強大」！懂得去經營自己的強項，讓它有朝一日「強」到可以彌補你

的弱項，是比較健康且有效益的方式。把時間投注在對的方向，人生才會更有意義。

有一種焦慮，叫做「希望每個人都喜歡我」，這種過度期待也許不是病，卻會讓你我活得很累，甚至有天真累壞了身心也未可知。 無論我們再周到，這世上總會有不喜歡我們的人。不要期待每個人都喜歡你，你會活得更健康、更輕省。

現實生活中你很難「封鎖」別人，但可以**嘗試「解鎖」他們**

很多研究指出網路與通訊軟體可能帶來社交焦慮、社交憂鬱等狀況，甚至造成某些社會適應不良的情形。當然，不是每個長時間使用網路的人都會有這樣的狀況，但通訊軟體的使用模式跟現實社會中的社交模式確實有迥異之處，比方說，使用社群網站或通訊軟體時，碰到某些看不順眼或來意不善的人時，你可以「封鎖」他們，來個「眼不見為淨」，但在現實生活中恐怕未必可以，因為他們可能是你的老闆、上司、重要客戶，或是坐隔壁的同事，你要如何封鎖之？

我們在現實生活中很難「封鎖」別人，但我們可以嘗試「解鎖」他們。「封鎖」、「解鎖」這兩個詞都是時代的新產物：前者指的是在網路交友平台上將其隱去，完全王不見王；後者則是形容我們完成了過去某件未能完成或未曾經歷的事，比方說我們會形容自己做完某件事是人生「解鎖」了一件事。

我們在現實生活中很難「封鎖」那些令我們不舒服的人，那「解鎖」他們又是何意思？可能很多人會講個標準答案，那就是「用愛包容他們，跟他們變成朋友」。這個答案固然不錯，但平心而論，我們都不是聖人，社會的現實狀況也很複雜，能做到上述理想化標準答案的人恐怕不多，而我認為，在與那些令你不適、居心叵測的人們相處時，只要能做到「不被他們害到，不受他們影響」，就已是一種很大的成就，就算是一種「人生解鎖」了。

可不是嗎？許多人總是被類似的人用同樣的手法給害

到，讓自己委屈不已；也有些人被某些自己所討厭的人影響，為求生存進而選擇變得跟那些人一樣，久而久之，越活越痛苦。

其實想一想，面對某些難搞的人，若能從他們手上全身而退，既不受害又不受影響，還真的是一件值得自我嘉許的事，因為我們在不容易的人與環境中，又再次自保成功，且經驗值會越累積越豐富，有助於我們在未來繼續解鎖更多難搞的人。

現實生活跟社交軟體的規則不同，造成許多習慣用社交軟體的人們感到有落差與不適應。的確，我們在現實生活中無法「封鎖」那些令我們不適的人，但可以用剛強的心將與之相處視為挑戰，當我們再次從與他們的互動中安然度過時，又是個值得自豪的時刻！你在現實生活中有不得不面對的討厭對象嗎？願我們都用剛強壯膽的心去「解鎖」他們，完成不易但有成就感的任務。

帶著成見向你提問的人，
要的不是「答案」
而是「把柄」

在歷史上，曾有些宗教人士故意為難耶穌，甚至他們的為難還帶著殺招。有一次，他們貌似有禮地問耶穌說：「夫子，我們知道你是誠實人……請告訴我們，你的意見如何？納稅給該撒可以不可以？」當時的政治背景，是猶太人正被羅馬高壓統治著，許多猶太人期盼復國，也有不少猶太人把希望寄託在信仰上，是以耶穌無論答是或否，都會惹出問題：如果回答可以納稅給當時的羅馬皇帝該撒，那等於得罪某些挺祂但不滿羅馬政權的猶太人；但若回答不該納稅，形同是叛亂罪。如此公開提

問,非常陰毒。耶穌也看出他們提問的惡意與對祂的成見,便拿出一枚硬幣,回問:「硬幣上面是誰的頭像?」那些人回答:「該撒。」耶穌巧妙地回答:「該撒的物當歸給該撒;上帝的物當歸給上帝。」大氣地間接表達了該盡繳稅的公民義務,但也要保有對上帝的愛,成功避開了對方「雙面刃」的陷阱題!

我很喜歡上述這段歷史記載,並舉上述例子與人分享:帶著成見向你提問的人,要的不是你的「答案」,而是你的「把柄」!這世上就是不能排除偶會有人要挑剔我們、陷害我們,他們可能禮貌性地來向你我提問,甚至開頭還以敬稱稱呼我們,卻不是真心想來聽我們的答案的,是來抓我們話柄的。這樣嘴臉的人,就連尊貴的耶穌都不免碰上了,我們在人生中也難免遇到。但有三個方式是我們可以參考「防身」的:

1. 不落在對方預設的選項裡作答: 對方如果不是來要答案,而是來抓你我的把柄,那他們所預設的答

案中必然每個都有地雷！耶穌當年在敏感的政治與族群環境中，面對「納稅給該撒可以不可以？」的陷阱題時，沒有落在對方所預設的選項中，而是跳脫對方所設的選項，自創新的選項回答：「讓該撒的歸該撒，上帝的歸上帝。」面對來意不善的人，有時別落在對方預設的選項裡作答。

2. **反問：** 歷史上對於耶穌面對來意不善者提問的記載不只一次，祂常用「反問」的技巧把問題適時適度拋回給對方，這一招非常有智慧。因為如果對方對我們心存不滿、嫉恨，那他所對我們提的問題通常自己也未必有最佳解，且心術不正者自己往往缺乏寧靜，把問題拋回給有成見的提問者，對方往往會自爆或啞口無言，即便回答了，也是漏洞百出，屆時再從他們帶有漏洞的回答加以否認之即可。

3. **微笑、不語：** 如果上述兩個方式你暫時沒有把握，或覺得沒有必要回答，有時適度的沉默也是個選項，

所羅門王即曾在《箴言》書中教導我們要作個寡言、慎言的人。請記得，你沒有「義務」要一一回應所有可能來意不善或令你難堪的問題！當然不是不能回應，但你並沒有義務要回應所有對你帶有成見的提問。

這世上不會每個人都喜歡我們，或都認可我們的觀念，許多帶著成見向你提問的人，要的不是我們的「答案」，而是我們的「把柄」！不要落在對方所預設的圈套中回答之，甚至適時地對某些惡者冷處理，你會活得更大氣、更自在。

喜樂的祕訣不在「成功」，而在「成熟」

您見過成功卻不喜樂的人嗎？

老 K 是個高學歷的中年人，並在學術研究單位任職，他的學術表現卓越得無可挑剔，但他的「脾氣」往往比他的「才氣」更令眾人印象深刻。他常抱怨同事們能力差、沒有遠見，常怒批長官把機會給了比他差的人，常斥責同儕為何不願配合並成全他的生涯規劃，每每一受不了，便破口大罵。他個人的確很優秀，但試問，在遍地皆博士的學術圈子，他身邊的人又有哪個不優秀呢？誰又會平白接受他的大罵、然後總是一味地成全他呢？

久而久之，他的言論與情緒越來越常失態，他也越來越憂悶、不喜樂。

上述故事中的 K 先生毫無疑問是個「成功」的人，有著高學歷與不錯的研究成果，但易怒的他顯然不是個喜樂的人。成功的人未必就會喜樂，這在精神健康界是基本認知，而這也讓我不禁聯想到在歷史上有位常常喜樂的傳教士保羅，他曾經歷過被人吹捧，也經歷過被人排擠，生活並不總是如意，而他曾有句名言：「我知道怎樣處卑賤，也知道怎樣處豐富。」在今天，這裡所指的「卑賤」或「豐富」可能是指任何一種面向。保羅是個「成功」的人嗎？某方面也許是，但更精準地來說，他是個「成熟」的人，他處世的心理調適力顯然非常強！這個世代不如己意的事很多，喜樂的祕訣不在「成功」，而在「成熟」。

就精神健康的角度而論，人格特質成熟的人的確較容易喜樂，而「不成熟」往往有哪些特徵？我們可以來看

看自己是否有以下幾點：

1. 忍不住脫口論斷看不順眼的人：一看誰不順眼，非得指名道姓罵出口不可，這不叫做說話直，而叫做衝動控制差。一個真正成熟的人不會總是論斷自己看不順眼的特定人士，他會先考量對方的處境或自己的盲點，而這樣的人也自然容易讓人覺得舒服，進而得到人際上的回饋。

2. 期待別人一味成全自己：每個人都有自己的生涯規劃，固然有人可能會犧牲他們的生涯規劃去成就你我的未來，但這種人恐怕只有你我的爸媽！一般人沒有義務要這樣做，甚至有些人的生涯規劃還可能將跟你我的未來產生競逐，這是人生常態，要懂得理解別人不一定會一味地成全、配合你我。

3. 把觀念、路線不同的人全視為「敵人」：把觀念、路線不同的人視為該去打擊、踢館的對象，無

法跟信仰觀不同的人相處，久而久之，越來越封閉與偏激！往往自以為活出了高尚或正統，卻落入了狹隘與幼稚，最後越活越窄，反讓眾人對他所秉持的理念或信仰更加排斥。

以上三點都是在社會上「不成熟」的可能表現，而這樣的不成熟，會使你離「喜樂」這兩個字越來越遠。上述行為可能出現在任何背景的人身上，當然也包括在某方面有卓越表現的人們。**活出喜樂的祕訣不在「成功」，而在「成熟」！我們也許不一定能夠當個世俗條件上「成功」的人，但都可以為自己培養「成熟」的人格與思維，而這樣的人格特質才是喜樂的關鍵。** 祝福大家活得更喜樂！

有時你需要的不是「轉換跑道」,而是「拓寬跑道」

跟各位分享兩個例子。

第一個例子,是有一位年輕的律師有感於造物主待自己實在恩典滿滿,動了想轉行去當神職人員的念頭,但又有些躊躇,便去請教一位年長的神職人員,那位年長的神職人員鼓勵眼前這位青年才俊應該繼續從事律師本行,留在社會上發光發熱。這位年輕的律師接受了那位年長神職人員的意見,二十幾年之後,這位律師成了社會上極有名望的法律專家,甚至義務擔任好幾個教會和社福機構的法律顧問,並常被邀請去許多不同的教會演講,也因著他在社會上的知名度與公信力,讓某些原本

不願意踏進教堂的社區民眾,在得知講員是他後,願意踏入教堂聽道。他沒有轉行去擔任神職人員,而是繼續走法律的路,卻因此走得更寬廣,發揮出比當初若轉行還要更大的影響力。

第二個例子,是有一年我跟主流出版社合辦一場寫作研習會,會後有位參與者來跟我說:「我也想當作家,所以我打算把工作辭掉,專心寫作。」我在瞭解她的狀況後,建議她:「千萬不要!妳若把工作辭掉、專事寫作,可能會失去跟社會的接觸與種種靈感來源,到時候妳恐怕沒題材可以寫了。」她接受了我的建議,繼續保有她原本的工作。後來,她原先的工作應付得不錯,但也因此有感觸可以寫出作品來,她除了本業外又多出了作家的身分,兩種身分相得益彰。

上述這兩個例子中的當事人,為了某些理想或感動,都曾有「轉換跑道」的念頭,但他們最後都沒有那樣做,卻因此發揮更大的影響力;他們的做法不是「轉換跑

道」,而是「拓寬跑道」!他們沒有輕言放棄原先自己的天職,而是善用它們,反而讓影響力加成,帶出更寬廣的生命力道!

或許是受從小考試作答習慣的影響,我們有時太常落入「單選題」的窄化思維去看待自己心中的某些理想或感動,反而把人生給走窄了。有的時候,我們需要的未必是「轉換跑道」,而是「拓寬跑道」!不輕看自己的身分,好好經營它,反而可以讓路越走越寬廣!

親愛的朋友,生涯規劃沒有標準答案,「轉換跑道」會有轉換跑道的驚喜與美好,「拓寬跑道」會有拓寬跑道的格局與胸懷,端看各人的抉擇。然而,在現今乃至未來的社會,我認為後者的思維可能會越發重要,特別是在中年之後。因著資訊的發達,比起上一個世代,我們將有更多機會看到或聽到更多的感人見證,面對琳琅滿目、不時出現的職涯見證,難道我們中年之後仍動輒來個「轉換跑道」嗎?某些人的路線固然有意義,但這

並不代表你我現在的路線就沒有意義或需要被摒棄！有時用「拓寬跑道」的思維去管理自己的人生，先把分內的事做好，逐步把影響力拓寬，你的人生可以兼容更多有意義的路線。

所有的「**傑作**」，
往往來自於「**合作**」

　　我記得我剛回大學教書時，才二十多歲，當時有位前輩不藏私地跟我分享了許多他的成功祕訣。他當時已是一位學術著作等身的教授，他說他的研究團隊裡每個人各有專長，有的擅長統計，有的擅長撰寫分析，也有合作的專業英文潤筆人員協助他們看語法是否有疏漏。我第一時間聽了有些訝異，畢竟那位前輩教授的碩、博士學位都是在英語系的國家攻讀的，英文程度應該不錯，怎麼他寫出來的英文論文還需要人幫忙潤筆呢？當時他回答我：「我英文再好，也好不過那些從小以英語為母語的國外學者，但我們投稿的期刊論文是要在國際上跟

所有的頂尖學者競爭。」一直到現在，那位教授仍跟許多學者保持合作，彼此截長補短，他們所形成的研究團隊論文產量一直相當可觀，研究成果成為許多臨床人士的參考，也間接幫助了許多病人。

其實類似的例子並不少見。人類社會向來推崇英雄，但很少有英雄能從頭到尾單打獨鬥。許多我寫的書或是所主持的電視節目，如果沒有夠好的美編、編輯、後製……等專業人員協助，根本不可能有效益。事實上，這世上大部分的「傑作」，往往來自於「合作」。我們很難靠一己之力逞強地完成所有事，但如何與人合作？有兩個原則或可掌握：

1. 看別人比自己強：有句話說「要存心謙卑，各人看別人比自己強」，這話的意思並不是要我們「覺得自己處處不如別人」，而是懂得「看到別人比自己強的部分」。每個人都有自己無可取代的特質或才幹，當我們虛心地看到別人有比自己強的部分時，

就能彼此珍惜之。

2. 讓自己培養出有益於人的「實力」：有時你所期待的人才不願意跟你合作怎麼辦？曾聽過一個比喻，提到我們很難追得到一匹千里馬來為我們效力，因為對方是千里馬，我們追不上，與其去「追」，不如停下來「種」一片牧草，當你有一片滿有牧草的草原，千里馬就會主動來你這兒吃草。也許一開始千里馬不會來，而是千里馬的同伴來了，但慢慢地就會影響到那匹千里馬，最後千里馬也會來，這時，就可以談互惠。與其空著雙手苦苦去「追」千里馬，不如善用雙手去種一片草，種一片人家需要的牧草，讓自己的手上有吸引別人願意合作的本錢。

所有的「傑作」，往往來自於「合作」！但合作需要的不只是誠意，更不是自以為是地期待大家主動來為你我效力；合作，有時也要具備能與人互惠的實力，活出有益於人的生命，而這樣的實力與生命是可以慢慢培養

的！當你越上進、越有為，有意跟你「合作」的人會越多，你人生所能締造的「傑作」也會越來越多，這是何等美好的循環！祝福你的人生有更多美事被成就！

容易被「激將法」激到的，通常還不是真「將才」

在歷史上有一段關於耶穌的記載，讀來平鋪直敘卻令人驚心動魄，說到耶穌當年在正式出來傳道前，曾被魔鬼試探，魔鬼用了幾個問題來刺激祂。比方說，魔鬼刺激祂施展超自然能力，對祂說：「祢吩咐這些石頭變成食物吧！」但耶穌並沒有照做；魔鬼也曾經用耶穌的背景關係來刺激祂，故意要祂從聖殿頂上跳下，因為以祂的身分，一定會有天使接住祂，但耶穌也沒有照做。

其實以耶穌的能耐，難道不能向魔鬼「證明」自己的能力與身分嗎？當然能！絕不是不能，而是不屑。恩賜

要用在有意義的地方，而不是配合那惡者的嘴巴去施展、浪費自己的才能。後來，耶穌通過了試探，開始了祂的傳道人生，祂傳道的時間僅短短三年，卻改變了整個人類的歷史。

我們當然都不是耶穌，沒有那些超自然能力，但造物主賜給我們每個人都有不同的「能力」，這些能力也許是口才、音樂、思維、管理……等，請有規劃地使用並厚植它們，而不要妄用它們。事實上，每個人不但有不同的能力，甚至許多人身上不只一種能力。在你身上有些能力可能已經成熟，有些能力也許還在養成中，也有些能力可能很多人還不知道或懷疑之，這時，也可能會有不懷好意的人故意來操弄、挑釁你：「證明給我看啊！」「照我所說的去做做看啊！」這些話有時聽了易令人上火，但一樣的原則：恩賜要用在該用的地方，而不是配合惡者的嘴巴去施展、浪費它們。

在本文開頭所述的記載中，魔鬼對耶穌操弄刺激的言

論，其實就是所謂的「激將法」。而我喜歡這樣形容：**容易被「激將法」激到的，通常還不是真「將才」**。可不是嗎？一個真正的將才，有戰略、有使命，懂得分辨哪些話該聽從，懂得分辨哪些事情該出力，懂得分辨哪些時機才該出手。固然有些激將法是某些關切我們的人迫於無奈而使出，但這社會上大部分的激將法往往不懷好意。一個真正的將才，不會急著迎合心懷不軌之人的嘴巴去證明自己。

當然，這樣的氣度與自信，通常需要時間的淬鍊與沉澱，但有一天當你比較能不被「激將法」操弄，能夠漸漸分辨該出手的時機與對象時，也代表你在某方面已逐漸成為堪當上天託付的「真將才」了。祝福你成為真將才！

領袖的魅力不是來自「成名」，而是「成全」

幾年以前，一位備受尊重的年邁神職人員過世，我跟他全然不熟，只知道他生前學識淵博，而他所帶給我的震撼，卻是在他過世後幾年才漸漸讓我感受到的。因為在他過世後的幾年來，有許多我的前輩提及他時，分別提到他在不同方面給予他們的造就，比方說：有人年輕時有心求學卻落榜了，那位神職人員鼓勵他繼續向上攻讀，最後成了知名學者；也有人本是個作風自由的文青，但那位神職人員看出他的才幹，鼓勵他好好經商，後來成為財富無虞且有為有守的人士。這些例子不勝枚舉。

他生前沒有讓自己成為萬人簇擁的風雲人物，沒有要一群人成天跟著他前呼後應，但他卻成就了那些人的人生，成全了許多人心中的理想。在許多人眼中，他是他們心目中極具魅力的領袖。

什麼是「領袖」？隨著時代的變遷，這個詞的定義與彈性已越來越大。實際去管理一群人是領袖，能透過名氣或媒體的影響力去改變別人，也是某種程度上的領袖。特別是在這通訊平台發達的時代，人若能有名氣，似更有機會發揮號召力，是以許多領導者為了要讓自己產生所謂的影響力，便積極曝光、積極營造知名度。

然而，從本文開頭所述那位已逝卻令許多人懷念的神職人員，我們可以這樣說：領袖的魅力不是來自「成名」，而是「成全」。在別人心目中你我是不是個領袖的關鍵，不在於你我有多會營造個人知名度，乃在於你我能否有成全別人的心腸，能否激勵眾人活出應有的光芒。

有個很有趣的文字現象：每個人都有不同的職業，而「職業」（vocation）這個詞的英文前四個字母，來自拉丁文字根「呼召」（voca），這似乎告訴世人，每個「職業」（vocation）當中都藏有上帝的「呼召」（voca），上帝感動人從事不同的職業。是以一個有魅力的領袖，不是要眾人放下各自的呼召去簇擁他、吹捧他、營造他；而是懂得「成全」眾人，讓眾人能看見不同的職業中皆藏著上帝的呼召，努力透過自己的職業活出美好的樣式，這才是領袖的格局。

成名並不是壞事，有名，確實可能讓你我在某些時候發揮出更多影響力！然而，這社會上卻也從來不缺乏言行令人生厭的名人，或是徒有激情、譁眾取寵，卻於眾人無益的喧鬧之輩。領袖的魅力不是來自「成名」，而是「成全」，其實這兩者之間並不衝突，但如果你想成為眾人生命中的領袖，經營方向千萬要對！倘若你個人很有名氣，卻不懂得成全別人各自在職場上的呼召，只想情勒別人的時間或氣力來為你效勞，那麼即便再有名

也不會是個領袖；相反的，即便你沒刻意炒作知名度，卻有心腸去成全旁人的呼召，引導他們在各自的職業上專心發光發熱，不論被你影響的人有多少，在他們的生命中，你，就是領袖！親愛的朋友，你這輩子「成全」過多少人活出上帝要他活出的榮美？值得你我深思共勉。

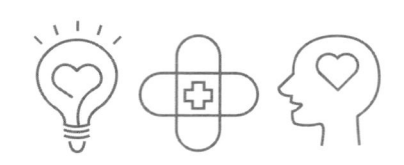

心靈維他命 B
讓你我更有能量去祝福社會

　　這一部談「剛強，是活出應有的大器與美好」，強者的定義不是凶悍與強硬，而是大氣與能力。在臨床上「維他命 B」有個作用是使身體從食物中獲得能量，甚至被認為有所謂提神的作用；期待前面這幾篇文章能發揮「心靈維他命 B」的效益，助你我更有精神與力量，為這個社會帶來祝福。

第五部 剛強，
是懂得在真理上站立得穩

> 你們務要警醒，在真道上站立得穩，要作大丈夫，要剛強。

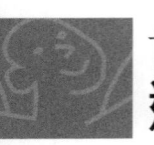

世人只在乎你的「價格」，
造物主更在乎你的「品格」

在某次意外的事故中，許多人離開了這世界，其中包括一位富有的企業家。當他的靈魂飛到天堂門口時，看到前面有許多人在排隊，其中有些是他認識的人。前方的人們大多一一進入了雲朵製的天堂大門，但輪到他時，卻被小天使給擋了下來。

小天使對了對手上的簿子，看了看他，說：「先生，你好像不在名單中喔！」這位富有的企業家有點不悅，板起老闆面孔對天堂門口的小天使說：「你是不是搞錯了？我看到隊伍前面有幾個人都進去了，我雖然叫不出

他們名字,但我跟他們在同一間教堂聚會很多年了,我用我企業名義捐的款項,絕對比前面那幾個傢伙加起來的十一奉獻都多喔!」小天使說:「奉獻金額不是重點哦!造物主在乎的是你的心。若有心,即便是兩個小錢,在造物主眼中也是無價。」

這位企業家有點慌了,接著說:「上次蓋教堂,我也捐了不少錢,牧師因此說我是個好信徒呢!那間新教堂裡的牧師們,每次見到我都很客氣喔!」小天使接著說:「造物主看上的不是這些,因為在天堂裡,連地磚都是精金做的,牆壁全是碧玉、寶石、水晶。」小天使接著說:「而且,你捐錢蓋教堂的動機,是希望能在一樓外牆顯著處用你的名字落款吧?他們如你的願了。」

這位企業家越聽越慌,接著說:「你是不是不認識我?我在世時是很有身價的基督徒企業家,很多教會喜歡找我去作見證,吸引人們走進教堂。」小天使回話說:「先生,地上的名氣在這裡無用!而且,我們的簿子上記載,

第五部:**剛強,是懂得在真理上站立得穩** 203

你在職場上常苛待員工,還設法讓自己當某些經營辛苦的基督教學校董事,但動機是為了讓其退場並當校產禿鷹。」這位基督徒企業家聽了臉色鐵青,「啊!」絕望地大叫了一聲,醒了!原來,是一場夢,還好,只是一場夢。從此,他改過自新,成為品格端正的真基督徒。

以上是我編的故事,若有任何雷同,百分之百只是巧合,但這故事的夢境卻值得包括我在內的每個人省思。這世上有許多人會因為我們的「價格」而尊敬我們,會因為我們的某些有形身價而對我們另眼相待;但造物主更在乎的是我們的「品格」,更在乎我們做事背後的動機與目的。

許多人追逐「價格」不成,追求不到某些收入、財富、名利、地位而鬱鬱寡歡,覺得自己不如人,更有不甘心者,因而變得憤世嫉俗。但想一想,這些身價將來在天堂門口,真的都用不到。在世時若能擁有這些,當然很好,但沒有也無妨,盡了力就好!因為在曲終人散的那

一天，造物主不是用這些世俗的「價格」來評價你我，比起世俗的「價格」，祂更在乎你我的「品格」。

想一想，如果本文開頭的故事發生在你我身上，你覺得你在天堂門口時，會怎麼跟小天使作自我介紹？小天使會回問你什麼？值得我們每個人深思警惕。

剛強是**懂得善良**，
但**不被操弄**

　　有個故事，說到有位自稱是留洋博士的 L 先生大談健康養生與防癌，卻沒有任何國內衛福部認可的醫療資格，精明的他找上了某些神職人員們，跟那些神職人員大談自己「所謂的醫療理念」，並滿口聖經經文來取信那些神職人員。神職人員們聽他滿口聖經道德，很是親切，便讓他在教堂裡開了多場所謂的「健康講座」給信徒們聽，許多身體有狀況的信徒聽信其論點，開始用 L 先生所推廣的方式去抗病，L 先生也因而賺取了不少財富。但他的論點實在太無醫學根據，引起醫界側目，許多聽信他言論的人也因此延誤了病情，終於，這位 L 先生

被踢爆,他所謂的博士學位,只是向國外某個文憑工廠「買」來的證書,也根本沒受過任何正統的醫療訓練,引起教界譁然,傷害卻已造成。

也有個故事,提到一位P先生,口才極好,碰上一位中小企業的老闆,P先生得知那位老闆是虔誠的教徒,便宣稱自己也是教徒,且開始滔滔不絕地講自己有多能幹,並說自己曾任某知名中學副校長,果然這招奏效!他被延攬到該公司擔任要職,但上任沒多久,其能力與人格飽受質疑。後來,更被人發現他自稱曾擔任某校副校長的資歷,竟只是在該校擔任過短期的代課教師,所述資歷與事實差距之大,令人瞠目結舌。

我常跟人舉以上的兩個故事為例,並分享:我們可以善良,但不要太容易被操弄。可不是嗎?那些在故事中因L先生、P先生而受害的人,都是善良的人,但善良不代表要凡事聽信人言。無怪乎整本《聖經》雖有許多篇章都在勸人為善,卻也有經節提醒如此後世:「你們

要謹慎，恐怕有人用虛空的妄言⋯⋯就把你們擄去。」

剛強的人當然可以很善良，但剛強的人也懂得明辨真理，不輕易被操弄。面對詭詐的時局，我們要保持善良的心，但也記取類似的教訓與前鑑，才能確保之後不會有更多人因而受害、被騙。這種善良，才是更高尚、更惠群的善良。

可以善良，但不要輕易被一時的煽情言論操弄，是我們活在這世代所應有的德行與認知。

得勝的關鍵不是「爭一口氣」，而是「喘一口氣」

Y先生是一位我在職場上很欽佩的長輩，他非常有成就，人際關係也處理得很圓融，但即便如此，仍舊有人不喜歡他，我看過有人或對他咆哮，或故意缺席某些他的場子來給他難堪。Y先生的口才其實非常有條理，特別是有時情理明顯在他那一邊時，他大可以激言反駁、電爆對方，但我從未看他這樣做過。你說他「輸」了嗎？其實不會，反而在大多數人眼中，他的格局遠比某些攻訐他的人要來得大。

也曾有位社會賢達，看似身兼多職，但其實他是一個

很懂得把時間「留白」的人，懂得婉拒過多不必要的邀約。你說他是真的「沒空」才推辭某些事務嗎？其實也未必，但他堅持讓自己有適量的留白時間放鬆，思考未來的方向與策略，讓自己在眾多忙碌的任務中有時間恢復氣力與優雅。在許多人眼中，他彷彿總能舉重若輕地做好許多事。

這個社會競爭很激烈，每個人都希望自己能勝出。但從上述的兩個例子我們可以看出：得勝的關鍵不是總想「爭一口氣」，而是學會「喘一口氣」！我很喜歡《聖經》上的兩句話：「要避免無知的辯論⋯⋯這些都是沒有益處、沒有價值的。」「你們要休息。」得勝，往往不是屬於那些疲於爭辯、逞一時之快的人，而是屬於那些懂得喘息、重新得力的人。

親愛的朋友，每個人的精力都有限，得勝的人往往懂得「喘一口氣」，而非只圖「爭一口氣」。適度的澄清與回應固然有必要，但不要把力氣花在跟某些人做過多

無意義的爭論，要懂得遠離某些無謂的爭競，要懂得把時間用在適度地留白、休息。養精蓄銳，讓自己更有力氣去實踐自己的人生目標，五年內，你會慢慢拉開跟某些人的差距。

別把自己的「傷痛」，
當做「傷害」別人的藉口

在金庸武俠小說中有位尼姑，她年輕時愛人因比武輸了羞憤而死，讓她深深受創，痛徹心扉，進而使她變得憤世嫉俗，即便後來剃髮成了全職的宗教家，甚至貴為一派的掌門人，卻行事狠毒，在某些時候呼著高尚的口號行殺人、虐人之事！年輕時的她曾深受傷害，中年後的她害起人來也絕不手軟，甚至殃及自己親近的弟子。當然，在小說中，到處傷害別人的她，最後自己的下場也很不好。

以上雖為小說情節，但其實類似的行徑在現實社會中

也會發生。我常喜歡說：**別把自己的「傷痛」，當做「傷害」別人的藉口。** 人都有短處，但偏偏這個社會就是有刻薄、現實的人喜歡挑剔我們的短處，**讓我們深受傷害，但這並不代表我們就因此有權利去傷害別人！**

請原諒我這麼舉例：有些青年人因為求學過程中成績不好、深受傷害，後來在軍中當基層幹部時，便特別喜歡挑那些畢業自好學校的新兵們發洩自己當年的不滿；有些人在讀碩、博士班時被指導教授尖刻以對，等自己當了學者以後，卻也用同樣的方式去對待、壓榨人，美其名是自己也是這樣走過來的；有些人自己在事業與生涯上面臨不順或空轉，「見笑轉生氣」，便把氣出在最親近的配偶、家人身上，硬說是家人不夠相挺，成天對旁人惡言相向。以上例子，都是把自己的「傷痛」當做「傷害」別人的藉口，但**這麼做不但無法改變現況、撫平傷痛，反而會把自己的人生越弄越僵，格局越弄越小。**

這個世界，總有尖酸、功利的人喜歡戳我們的痛點，喜歡針對我們的不足加以嘲諷，或是因著某些因素故意打擊我們，畢竟人在江湖走，很難不受傷害，但《聖經》上叮嚀後世：「不要為作惡的心懷不平……不要心懷不平，以致作惡。」當我們因著自己過往無故的傷痛遭遇而長久心懷不平時，我們也容易成為無故傷害別人的人，但這並不是合理的害人藉口。

千萬別把自己的「傷痛」，當做「傷害」別人的藉口，別讓自己的心緒一直停留在當年受傷害的光景，別讓自己一直聚焦在別人所攻訐的短處。每個人都有上天所賜獨一無二的價值，把時間花在栽培自己的長處、累積自己的成果，慢慢的，你會看到上天造你的美意，會走出一條大氣而有意義的路。

別讓你我口中的金句，
變成別人眼中的冷血

在歷史上有位賢達名叫約伯，他的故事被記載在《舊約聖經》之中。約伯這個人曾經富甲一方、家庭美滿，後來卻遭逢巨變，事業、家庭皆破碎，身體也出了狀況。這時，有三個他的朋友來探望他，一見到身處苦難中的他，便開始「金句連發」！

其中一位朋友劈頭便指責困苦中的約伯一定是犯了甚麼「罪」，所以才會遭難、生病，他對約伯說：「請你追想：無辜的人有誰滅亡？正直的人何處被剪除？按我所見，耕罪孽的，種毒害的，照樣收割。」另

一個更狠,直接論斷約伯的慘況,說:「惡人的亮光必要熄滅;他的火焰必不照耀。」講得正氣凜然,彷彿自己當下未生病是因著自己的人格舉止有多麼聖潔或無罪。

他們甚至為了希望約伯全盤接受他們所發的論斷,開始倚老賣老,教訓約伯說:「你知道什麼是我們不知道的呢?你明白什麼是我們不明白的呢?我們這裡有白髮的和年紀老邁的,比你父親還老。」「我指示你,你要聽;我要述說所看見的⋯⋯」這三個傢伙「急」著膚淺地議論約伯的慘況,對著尚在低潮中的約伯高傲地擺出一副彷彿過來人的架子來了。

當然,這些看似高尚的「金句」,對憂傷中的約伯一點撫慰的作用都沒有。在故事的最後,造物主出現了!祂恢復、彌補了約伯的一切,並指責這些「金句連發」的朋友們某種程度實在做了不正確的示範。約伯這三個朋友是壞人嗎?應該也不算是,如果是的話,根本不會

千里迢迢地來探望受難中的約伯，但我常喜歡藉由約伯這些朋友的例子跟人們分享：**別讓你我口中的金句，變成別人眼中的冷血！**

約伯那三個朋友所講出口的「金句」高不高尚？高尚極了！但聽在正受難中的人耳裡卻也無比的冷血，對受苦中的當事人毫無同理心可言。歸納上述歷史記載中約伯那三個朋友的談話，有兩點是我們在面對受苦中的人時可以自省的：

省思一：我們會不會喜歡把別人人生的不順歸因於一定是他犯了什麼罪？看到別人事業不順、生病甚至遭遇天災，便優越感爆棚，自我感覺良好地去議論那些受難的人一定是做錯了甚麼事。事實上，習慣性對受苦者講出這種刻薄歸因宗教用語的人，其實也無法保證自己或自己的家人可以永不生病或永遠順遂。

省思二：我們會不會一天到晚拿輩分或閱歷來

壓人？拿出自己的經歷、高尚頭銜來讓人閉嘴，要求別人聽自己講話，希望全面挾制對方的價值觀。但事實上，我們自己對事情的判斷與分析也未必正確，特別當我們並不瞭解來龍去脈時。

以上兩點，是「約伯三友」留在歷史上的負面示範。也許我們並無惡意，但**別讓你我口中的金句，變成別人眼中的冷血！**某些自以為是的「金句連發」，不但無法撫平受苦者的傷痛，反而在世人面前示範了何謂偏激與冷酷，值得並無惡意的你我省思。

寬恕是不「記仇」，
但「記取教訓」

　　有人說，強者的特質之一是懂得「寬恕」，因為一個內心真正強大的人必然懂得不計算人的惡。我覺得說的很好！但如何秉持寬恕的美德但不流於濫情？讓我們來看看以下小陳的例子：

　　小陳是一名善良的職場青年，這天，同事小王臉上堆滿笑容地來找小陳聊天，小陳聊了很多心裡話。後來，小王卻拿著那天小陳私底下講過的話來當做「套牢」小陳的把柄，甚至把小陳私底下對公司與他人的看法，當做八卦去告訴某些關鍵人士，讓小陳大吃悶虧。

從此以後,小陳再也不敢跟小王多說什麼真心話,甚至在面對與小王類似風格的人時,也變得比較謹慎。可能有宗教家會覺得:「小陳不應該這樣啊!小陳應該要選擇寬恕,要敞開心胸去接納小王,因為若沒有全然地接納與信賴對方,就代表心中還沒有真正寬恕。」但我對這種貌似清高的說法不以為然,因為這種說法完全把寬恕和盲目混為一談了。什麼是寬恕?我認為:寬恕,是不「記仇」,但要「記取教訓」!否則就白白錯失了學習的機會。

在歷史上,耶穌曾提醒門徒在面對社會時要懂得「馴良像鴿子,靈巧像蛇」。何謂「馴良像鴿子」?答案也許不只一種,但**「不記仇」絕對是一種馴良**;而何謂「靈巧像蛇」?答案或許也不只一種,但**懂得「記取教訓」就是一種靈巧**。

現代的社會難免有些人比較有手腕,如果你受害一次,正常;若被同樣的手法害到第二次,恐怕就有些傻;再被同樣的手法傷害第三次,那就傻得令人心疼了!千

萬別讓人一而再、再而三地用同樣的手法陷害、利用你！我們當然要選擇寬恕，當然不能因此失去自己的良善，但也要懂得提醒自己：寬恕，是不「記仇」，但要「記取教訓」！**不要再讓某些人故技重施的手段侵害你的利益，在選擇原諒對方的同時，也學習不再被類似的手法給害到**，讓自己成為一個更成熟、穩健的大人。

看不清「自我」的人，
「自我感覺」都特別良好

　　D先生是一位很常投入宗教活動的壯年人，因著對宗教事務的熱愛，他常批判其所屬宗教團體內某些教徒不夠投入的表現是沒有愛心的行為。然而，D先生卻曾因為自己所懷疑的某些小事，上法院控告自己所屬宗教團體的其他成員。D先生這種動輒公開批判、控告的行為，讓人看不出其口中所強調的愛心，他卻覺得自己很有宗教家的愛。

　　此外，D先生也常指名道姓論斷那些參加宗教活動遲到、或參與場次不夠多的人們，認為他們不夠虔誠。然

而,他自己在職場工作崗位卻常上班遲到,甚至為了要參與宗教活動而擱置自己在職場上的分內工作,早已讓許多同事很反感,甚至因此對他所信仰的宗教更加排斥。但 D 先生不覺得自己有問題,沒有意識到自己的行為帶來了反效果,他繼續以身為敬虔的教徒高調自居。

以上的故事很有意思,它其實可能發生在任何場域中,甚至你我若一不小心也可能成為故事中的那位 D 先生。不知大家是否有同感:看不清「自我」的人,「自我感覺」都特別良好!如同故事中的那位 D 先生,他完全看不到自己的嚴重問題,自我感覺非常良好,甚至到了一種病態式的目不見睫。這種現象似也非鮮事,在歷史上耶穌便曾用譬喻去教訓某些人,說:「為甚麼看見你弟兄眼中有刺,卻不想自己眼中有樑木呢?」意指某些人很容易去看到別人那如「小木屑」般的小缺點,卻看不見自己某些如同「樑木」般的大缺點,然後無視自己的那些大缺點,四處捕風捉影地挑剔別人的小缺點,自詡能辨別諸般的事物,自認是公義的化身。

看不清「自我」的人,「自我感覺」都特別良好,但這種良好在精神健康上卻可能是畸形的優越錯覺!指出別人的錯誤當然沒有不可以,但更重要的是懂得「省察」自己,反省自己的外顯行為是否恰當,察驗自己的內在動機是否出於惡意或偏激。

　　一個真正優秀的人必懂得「看清」自己,讓自己更好;而非一天到晚「看輕」別人,靠著貶低、控訴別人來突顯自己的價值。願我們都活得更健康、更成熟。

別拿你的善良
去為別人的詭詐**買單**

　　大雄是一名優秀的業務，某機構主管想向他挖角，並口頭講好了頭銜和薪水，豈料，過去之後大雄發現職稱和薪資都與原先口頭承諾的不同。大雄頗感不悅，那位主管卻說：「你要學會順服啊！因為順服才會有福！不要一直定睛看自己的利益。」由於這樣的道德用詞實在太清高，大雄只好「吞」了下去。後來，那位主管繼續用同樣取巧的方式與說詞，陸續哄了其他人進來這個機構任職。

　　靜香受邀擔任某個非營利公益組織的董事，是無給職

的榮譽職，但她進去後發現有點不太對勁，因為董事長常在該非營利公益組織內提起要興建某些工程，又技巧性地讓自己的直系親屬得標。靜香提出質疑，董事長一樣說：「妳要學習順服權柄，因為順服才會有福。」靜香聽了很不舒服。董事長對於自己不避嫌地主動興建工程並掩護自己家人得標，竟對外巧妙地說：「大家都知道，我和我的家人為這機構『擺上』了好多啊！」由於用詞太過神聖、高尚，包括靜香在內，大家都不好意思加以追究、反駁，這讓該名董事長食髓知味，一再從中獲利，該非營利公益組織的不少資金因而流進董事長家族的口袋。

上述兩則是虛擬的故事，其實故事中那句上對下勸導的「順服才會有福」，本身是極美的好話，但這樣的一句好話，卻被有心人士取巧地用來包藏自己的無德與詭詐。故事中的大雄、靜香都是「善良」的人，他們因為善良，所以吞忍，所以靜默；但也因著這樣的善良，為某些人的詭詐買了單，養大了某些人的胃口，反而在日

後讓更多人因而受到虧損。

別總拿你的善良，去為別人的詭詐買單。礙於情面買單一次、兩次，也許還可以，但我們若「總是」拿自己的善良去為別人的詭詐或投機買單，久而久之，便是在成全惡者，會讓某些人肆無忌憚地如法炮製，繼續操弄其他善良的人們或局面！善良，可以有許多美好的目的，但不該包括去成全惡者的詭詐。

某些高明的詭詐，會用看似高尚或神聖的口號包裹著，讓你即便覺得怪，卻難以反駁，甚至陷入一種在精神健康上「認知失調」（cognitive dissonance）的痛苦，許多人最後為了避免這種痛苦，只好順著某些人的口號被牽著走，導致自己或他人受到不必要的虧損。然而，當我們邏輯越清晰，就越不容易被某些由高尚口號所包裹的詭詐給挾制。所羅門王在《箴言》書中有句祝福語：「明辨的能力必護衛你，聰明必看顧你。要救你脫離邪惡的道路，脫離說話乖謬的人。」這是何等美

的祝福！在這詭詐的時代，願我們都有願付出的善良心腸，但也有慎思明辨的能力，別拿我們的善良去為別人的詭詐買單，才能讓真實的善良得以循環。

「苦毒」就像自捅一刀，卻希望別人流血

有種情緒叫作「苦毒」（bitterness），它不在正式的《精神疾病診斷手冊》（DSM-5）中，但所可能造成的影響卻不亞於許多精神疾病，誠如中文兩個字的組合，會讓當事人自己痛苦、思想狠毒。

有個「故事」說到有一位教授兼作家，偶爾會在自己的粉專或頻道上被某位人士攻訐，攻訐的修辭相當空虛且狠辣，讓小編們不得不封鎖之，以顧及網路言語環保，但那位人士竟一再註冊新帳號，不斷留言，只為要攻訐那位教授兼作家，並在天馬行空

的空泛攻訐言語中「主動」順便強調自己並沒有精神問題。

　　有人問那位教授兼作家要不要提告，那位教授兼作家基於同情的立場，暫時沒有那樣做。那位偏執人士有沒有成功地傷害到他想傷害的人？其實沒有，畢竟一個不敢用真名、不斷變換名字、不斷重新註冊新帳號攻訐他人的人，這樣層次的人格者又怎會有社會公信力。其空虛又偏激的言行沒有傷害到他想傷害的人，反而完美示範了虛擬世界中的病態負面行徑。上述故事中那位偏執人士是否真如他主動強調的自己沒有精神問題？我們不評論，但他的言行肯定符合「苦毒」的定義，發言狠毒，卻只苦了自己，把自己的時間與生命虛耗在偏激的言行上。

　　「苦毒」像什麼？容我這樣說，苦毒就像自捅一刀，卻希望別人流血，甚至還不斷地對自己捅刀，最後沒傷到別人，只傷到了自己人生的經營成效，傷了自己的存

在價值。這是何等地苦、何等地毒,卻又何等地傻、何等地無知。

現代人壓力大,社會風氣對立,「苦毒」也許不算是正式精神疾病,卻是比許多精神疾病更值得重視與關懷的身心狀況。其實這個世界何等美好,何須被某些嫉妒、偏激所綑綁,到頭來落得自我傷害、人生虛耗。願我們都不成為苦毒的人,不成為這種「對自己捅刀,卻希望別人流血」的偏執人。人難免會有思想落入偏激的一時半刻,但若能換顆心看世界,便會發現這個世界有許多美好的事物值得你我去感受,共勉之。

嫉妒，是一張
邀請魔鬼進入心中的門票

嫉妒像什麼？每個人有不同的詮釋和譬喻。

在《聖經》中有個發人省思的故事，是記載一對兄弟——該隱和亞伯，有一次他們一起向上帝獻祭，但上帝比較悅納亞伯的獻祭，該隱非常不服，憤然於胸，後來竟然在無預警的情況下把自己的親弟弟亞伯殺了！該隱是個天生壞人嗎？沒有證據顯示他是個天生的劣種，甚至他某種程度上至少還是個「願意向上天獻祭」的人，但嫉妒心毀了他，讓他殺死了比自己表現好的親弟弟亞伯。

在歷史上類似的記載也不少。西元前由掃羅王所領導的以色列國曾多次與鄰國非利士人作戰，有一次，初試啼聲的大衛表現極佳，戰績令人振奮，回國時，婦女們對著凱旋而歸的軍隊喊：「掃羅殺死千千，大衛殺死萬萬。」掃羅王聽了頗不是滋味，整個人格開始加速崩壞，他對大衛表面客氣，背地加害，最後索性不演了，直接公開追殺大衛這位曾有恩於他的晚輩，甚至到後來因心中不寧，而跑去找行邪術的婦人交鬼。

其實，當年婦女們只是對凱旋的軍隊唱「大衛殺死萬萬」，並非唱「大衛治國萬萬」、「大衛行政能力萬萬」、「大衛領袖魅力萬萬」之類，換而言之，那唱詞只是在歌頌大衛的作戰能力，甚至客觀而論只是對大衛在該場戰役中單次表現的稱讚，婦女們當下並沒有認為大衛已比掃羅王更適合當國王這樣的推崇，但掃羅王聽了仍受不了，一樣是嫉妒心毀了他，加速了他的荒腔走板與倒行逆施。

嫉妒像什麼？從該隱和掃羅的身上我們可以這樣形容：嫉妒，是一張邀請魔鬼進入心中的門票！滿溢的嫉妒心，就像是給了魔鬼一張門票，告訴牠：「嘿！你可以進到我的心裡來坐坐哦！」該隱和掃羅就是給了魔鬼這樣的門票、通行證，結果呢？啪！人生一翻兩瞪眼，兩人皆不幸翻船，就連他們的名字日後都幾乎成為壞人的代名詞。

我們都不是聖人，都不可能沒有嫉妒心，但若能及時醒悟過來，有時即便魔鬼進入我們的心，也未必就趕不走！但若你「時常」遞給魔鬼這樣的一張門票，太常讓牠不時進入你心來操弄一下，久而久之，你可能會做出連自己都想像不到的劣事。

特別有的時候，嫉妒會披著正義、正統的外衣華麗出場，假借正義或所謂的真理之名，故意挑剔某些人不夠正統或不夠順服，藉以合理化自己心中的殺伐之忿，最後殺到連自己都不認識自己，彷彿當年該隱擊殺亞伯、

掃羅追殺大衛那樣。

上帝創造每個人都有獨特的恩典與用途，都有無可取代的價值，你本身的存在就值得被愛，就是一種祝福，是以無須過度比較。不要讓自己活在嫉妒之中，若太常給魔鬼「嫉妒」這張門票，讓牠進入我們的心，小心！牠有一天會直接把你我的心當做牠自己的家！

別讓「聖誕節」變成「勞動節」

有位信徒因為在聖誕節前忙於教堂裡過多的事務，身心俱疲、壓力爆表，成天擔心有沒有人來參加聖誕節活動，關注自己所辦場次的人數是否會太少而被人嘻笑，甚至忙到平日在職場上工作心不在焉，進而出現某些身心症狀。旁人看了心疼不已，建議他去找一位精神科的治療師談談，幾次會談後，治療師稍微解開其某些觀念上的盲點，那位信徒才漸漸舒緩，重新感受到那節日的美好。

上述的「故事」不禁讓我想到，在歷史上耶穌曾經到

伯大尼的馬利亞家作客,當時馬利亞的姐姐馬大忙於家中雜務,馬利亞卻只是靜靜地在耶穌跟前聽祂說話,馬大見自己的妹妹未忙碌做事,氣到不滿地去向耶穌告狀,說:「主啊,我的妹子留下我一個人伺候,祢不在意嗎?請吩咐她來幫助我。」豈料耶穌卻說:「馬大!馬大!妳為許多的事思慮煩擾,但是不可少的只有一件;馬利亞已經選擇那上好的福分,是不能奪去的。」耶穌並沒有明顯責備馬大的勞碌,但很顯然,耶穌當時比較推崇馬利亞的態度。

在許多人的傳統觀念中,何謂「忠心」?忙到鞠躬盡瘁、死而後已,這才感人,這才能在「人」前顯示自己的擺上與忠貞;但「主」似乎不這樣看,祂不是看這些外表,祂更在乎我們的內心。舉例而言,聖誕節就是個值得紀念的節日,不講別人,我自己每年十二月也常接演講活動接到快滿檔,然而,如果我們忙到像馬大那樣只剩下勞動,卻沒有來到主的跟前,沒有與主更親近,只有疲憊與思慮煩擾,這樣只剩下勞動的「聖誕節」恐

將變成另類的「勞動節」,失了原味。有勞動、有付出,當然很有意義,畢竟上帝賜福勤奮的人。勞動本身未必不好,但如何不讓「聖誕節」這類的節日變成只剩下勞動的「勞動節」?有三點我們可以省思:

1. 除了勞動,有沒有喜樂?

我們辦活動是否摻有太多自我顏面上的業績壓力,甚至帶有比較與爭競的心態?又或在過程中有太多情勒或苦毒,導致最後只剩下勞動,卻幾乎沒有喜樂?

2. 除了勞動,有沒有安靜省思?

曾幾何時,平安夜成了狂歡夜、吵鬧夜,我們有沒有機會讓自己或所邀的朋友來到主的跟前,安靜省思這個節日的意義?

3. 除了勞動,有沒有在社會上的見證?

我們是否因忙於宗教事務,忽略了自己在世上的職分,造成同事的困擾,甚至讓人詬病我們因為忙於宗教

節日而怠忽職守？一旦發生這樣的狀況，那麼看在外人眼裡恐怕一點也不神聖，一點也不吸引人，反而讓人對我們的信仰產生反感。

本文開頭那則因過度勞碌於宗教節慶而導致身心壓力過大、求助精神科治療師的「故事」，令人不捨，我相信主也不忍心這樣的狀況發生。耶穌不會像個勢利的主管那樣，苛責你辦的活動為何人數比隔壁棚的少，祂更在乎你辦活動有沒有累壞了身體；耶穌不會責備你辦的活動不夠熱鬧，祂更在乎你投入活動時的心有沒有平靜安穩；耶穌不會挑剔你籌辦活動的場次不夠多，祂更在乎你平日在社會上的見證夠不夠好。

別讓「聖誕節」等原本應該很美好的節日，最後變成只剩下勞動的「勞動節」。忙於種種事務未必不好，但要記得聖誕節的主角是耶穌，在乎祂所真正在乎的事，別忙碌到讓這節日失去了應有的喜樂、省思、見證，才能過出它的原味。

不拿別人的偏執
來檢討自己

　　人生在世,不需要拿別人某些偏執的眼光來檢討自己。有四個故事,或可反映社會的某些現象。

　　W先生非常喜歡拿別人的身形、外貌開玩笑,甚至將別人的外型誇大、扭曲成是某些性格缺陷。許多人因他的嘲諷與數落而深感受傷,然而,卻也有人豁然以對,不受影響。事實上外型是天生的,是上天所賜下的禮物與特色,有些人偏執地喜歡用論斷別人外貌的方式來發洩其對自己人生的不滿,我們又何必隨這樣的言論起舞,用那樣的偏執言論來檢討自己的面貌與外型呢?

有位專業人士常在媒體上以自己的專業見聞發表如何使生活更好的建言，但有位匿名偏執人士 X 小姐透過螢幕收看之後，常主動對號入座，認為該專業人士在媒體上所講的言論都在針對她，但事實上該專業人士根本不認識 X 小姐，遑論是針對她發言。那位專業人士選擇繼續發表讓社會更好的專業言論，至於那位偏執人士的誇妄言行呢？那位專業人士及其團隊成員們選擇惻隱之，但不因那位 X 小姐的偏執言論而停止繼續做對社會有益的事。

　　也有位 Y 先生，過去在社會上常自覺有志難伸、缺乏目標，後來經人引薦，在進修後成為宗教工作者，但他成為宗教人士之後卻缺乏應有的胸懷，每每偏激看待其宗教團體裡那些在社會上有成就的人們。當初自己在社會上難有表現的 Y 先生，開始憤然指責其宗教團體裡某些在社會上有作為的人都是在追求世俗，指控他們的職業都缺乏意義，大家的生活規劃都應該以他所主持的宗教團體內的事物為優先，搞得該宗教團體裡許多人過著

分裂式的生活,並開始懷疑人生,懷疑自己職業的價值;但也有人不受其影響,繼續做好該做的事。事實上,Y先生顯然因著自己過往在社會上沒對付好的自卑感,導致其看到別人的成就時會過於激憤。那些被 Y 先生所論斷的上進人士們,也慢慢學到不該活在 Y 先生的偏執控訴中,而是應該繼續發自己該發的光。

亦曾有位 Z 女士,學經歷佳、家世背景好,但對職業具有偏見。她對某些行業工作者畢恭畢敬,但對某些人的職業卻嗤之以鼻、面露不屑,且毫不隱藏,讓被她所瞧不起的人們頗感受傷。事實上,任何職業都可能是造物主的「呼召」,Z 女士本身固然相當傑出,但隨便看低別人的職業,是這位 Z 女士個人的偏執行為,被她瞧不起的人並沒有做錯事,也要學會不用她的偏執眼光來定義自己的價值。

這是一個言論自由、表達媒介多元的世代,是以什麼言論都有,包括某些偏執的言論。**學習「不拿別人的**

偏執來檢討自己」，我們人生努力的目的絕不是為要迎合或討好某些狹隘、偏執人的嘴，我們人生豐盛的關鍵也不在那些人的嘴巴裡。別讓自己的生涯規劃、時間管理等隨著偏執的人起舞，理直氣和、剛強壯膽地做自己該做的事，活出自己人生該有的價值。

親愛的朋友，就如同本文所述的四個社會縮影故事，讓我們學習「不拿別人的偏執來檢討自己」，不拿別人的偏執論調來貶低自己的外貌、職業、路線，心安理得地為所當為，才不會讓我們的世界隨著某些偏執的言行或價值觀而被搞得「正反亂撥」。

有**理想**的人，
根本**沒時間變老**

　　我擔任伊甸基金會的董監事，常有需要跟其他董監事開會。其他的董監事們充滿理想，特別是對身心障礙者的職業重建等議題，每個人談到這些話題往往熱情十足，董事長更是常全國各縣市走透透，跟他們在一起讓我學到很多。有一次聚餐時，其他董監事中有人忽然公開說：「施教授，您知道嗎？您是我們之中最年輕的，我們這裡有很多人都算是您的父執輩了！」當時我忽然有種被「拉回現實」的感覺，其實我一直「知道」他們當中許多人實際年齡已是我父母輩了，但我很少「感受到」他們的年紀，因為他們談起理想時，總是那樣有活力。

輔仁大學的前校長江漢聲教授，在擔任醫學院院長任內新設了許多科系，在校長任內更是創辦了輔大附設醫院，退休後仍擔任輔仁大學的醫療總顧問。他退休後，有一次我去他辦公室向他請益，聽他談起對台灣未來社會健康照護的一些理想，講得眉飛色舞，我忍不住對他說：「校長，我覺得您看起來真的好年輕。」他當下哈哈大笑，其實他的頭髮早已比我還在當他研究生時要斑白了不少，但他對理想的追求讓他在卸任後依舊年輕俊朗。

　　從上述的這些例子，我體悟到：**有理想的人，根本沒時間變老！**這讓我想到，在歷史上，以色列民族有位先賢名叫迦勒，他在八十五歲那年曾經豪氣地說：「看哪！現今我八十五歲了，我還是強壯……無論是爭戰，是出入，我力量那時如何，現在還是如何！」這是多麼豪氣、多麼年輕的氣勢！他不是只想著如何玩樂或安養天年，而是依舊懷抱著理想。

有理想的人，根本沒時間變老！ 根本「沒時間」去做一些安逸、消磨、殺時光的事，也根本沒時間無聊，因為他們心中還有好多有意義的事想去做，並且享受在其中，這樣的心志與熱血，會讓人看起來年輕！但相對的，如果一群年紀不大的人聚在一起時，總是把時間花在討論吃喝玩樂等議題，缺乏理想性，這種型態會讓一個人看起來好「老」；若能找到目標奮起而行，會有另一番朝氣。

親愛的朋友，你想讓自己看起來更年輕嗎？除了可以考慮買保養品、染髮劑之外，也可試試「胸懷理想」這帖回春處方，剛強壯膽地去做造福旁人的益事，因為無論幾歲，你所活著的每一天，都有上天的美意，上天要透過你來祝福身邊的人。祝福你活出祝福，青春永駐！

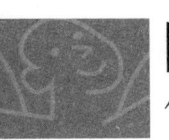

剛強壯膽是一種「**韌性**」，但絕不是一種「奴性」

　　我記得我還在當助理教授時，曾發生過一件小事：有一位與我不同領域但跟我有某種淵源的教授級前輩來找我，表示他那邊有許多現成的研究數據，並用一種「徵召」式的口吻，要我幫他把那些研究數據寫成論文的結果與討論，並由我負責投稿到國際論文期刊。其實要替別人把研究數據作後端撰寫與投稿，在學術上是一件很費工的事，而且必定嚴重排擠到我自己的學術研究時間。而那位教授級前輩甚至直接向我表示，他要我幫忙整理投稿的那些論文發表時，我不能掛順位太前面的發表人，因為要留給他們掛名，並說：「畢

竟你是年輕人,年輕人就吃虧一點。年輕人要能吃苦耐勞。」

當時,我直接但客氣地回答他,說:「我認同您所說的年輕人要學習吃苦耐勞,但我認為我的學術規劃不該是幫您把您過去累積未處理的現成研究數據做後端的收尾與投稿。我有自己的研究路線,有自己的研究計畫,有自己的研究數據,也會將屬於我自己路線的研究論文投稿,我沒有時間幫您寫您的論文並替您投稿。謝謝您給我的建議,但這並不是我的責任,也不是正常的學術養成之路。」

當年,我婉謝了那位與我不同領域之教授級前輩的「安排」,我在我所設定的研究路線上持續努力,雖然過程辛苦,研究成果也稱不上頂尖,但感謝上帝的恩典,我後來也順利一路升等了副教授、正教授,在我升等正教授的那年,不少同儕或前輩來向我道賀,恭喜我成為台灣精神科職能治療領域的第一位正教授。雖然我本身

的研究產能不敢說有多豐碩,但我如果當年真的勉強自己去順從那位前輩對我的「安排」,肯定不會有後來的發展。

這個社會有些人會喜歡使用某些與「剛強壯膽」類似的詞彙,來勸慰別人要能吃苦,要能勇敢承擔,這都可以是很美的勉勵;但有時這些聽起來非常光明的說詞,若是出自有心人的口,背後的主要動機可能並不是要「栽培」你我成為更好的人,而是取巧地要我們犧牲自己的權益,以讓他們從中得享不屬於他們的益處。他們勸慰我們要「堅強、勇敢」的原因,主要是著眼於他們的私利。

那什麼是「剛強壯膽」?詮釋角度不只一種,但我喜歡這樣說:剛強壯膽是一種「韌性」,但絕不是一種「奴性」。在歷史上有位猶太賢者保羅,他為了他所傳播的信仰和理念,曾被下在監裡,甚至被人打,但種種軟硬兼施的方式並沒有使他因此改變自己的方向與路線,他

甚至為自己所傳的道竭力做出辯證。在歷史上，保羅絕對稱得上是個剛強壯膽的人，但他的剛強壯膽所活出的生命，是可處順境也可處逆境的「韌性」，而非只是被人擺布、操弄吃苦耐勞情結的「奴性」。

親愛的朋友，願你我把剛強用對地方，把你我的「吃苦耐勞」用在實踐使命感的不屈不撓上，而不是錯用在對乖謬要求的委曲求全、壓抑吞忍上。因為任何一個真正愛你的人，都不會忍心看你此生被有心人用言語技巧挾制成奴僕的格局。

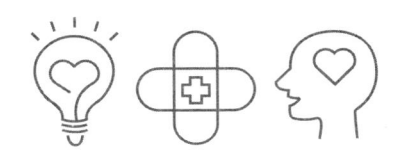

心靈維他命 D
讓你我在真理上更剛強茁壯

這一部談「剛強,是懂得在真理上站立得穩」。真理能使一個人成長茁壯,站穩立場。在醫學上「維他命 D」有個作用是促進骨骼生長,期待前面這幾篇文章能發揮「心靈維他命 D」的作用,助你我在思想上長成正派的壯者。

後面的話 | 用筆影響一億人

　　這社會上有許多有才學的人，不同的人有不同的目標，有人說：「我要存到一億元。」也有人說：「有朝一日我要年收入破億元。」

　　上述這些當然沒有不好，但我個人的人生目標不是「錢」而是「人」，是「用筆影響一億人」！這是我的人生目標與異象。這世上閱讀中文的人口近十一億，再加上文字有跨越時間的承載力，有可以化作不同媒介被呈現的彈性，是以這是一個可被落實的方向。

　　謝謝您閱讀《你需要的是剛強，而不是逞強》，這本書是我「用筆影響一億人」理念的具體規劃之一，歡迎您向更多人推廣這本書。願我們一起剛強壯膽去實踐我們的人生目標。

心靈勵志系列 19

你需要的是剛強，而不是逞強
——比「撐下去」更重要的 61 件事

作者：施以諾
社長：鄭超睿
編輯：洪懿諄
內頁排版與插畫：張凌綺
封面設計與插畫：張凌綺

出版發行：主流出版有限公司 Lordway Publishing Co. Ltd.
出版部：臺北市南京東路五段 389 巷 5 弄 5 號 1 樓
電話：(02)2766-5440
傳真：(02)2761-3113
電子信箱：lord.way@msa.hinet.net
劃撥帳號：50027271
網址：http://lordway.com.tw

經銷
紅螞蟻圖書有限公司
臺北市內湖區舊宗路二段 121 巷 19 號
電話：(02)2795-3656
傳真：(02)2795-4100
華宣出版有限公司
新北市中和區連城路 236 號 3 樓
電話：(02)8228-1318
傳真：(02)2221-9445

2025 年 7 月 初版 1 刷
2025 年 9 月 初版 3 刷
書號：L2507
ISBN：978-626-99594-4-0
Printed in Taiwan
著作權所有 翻印必究

國家圖書館出版品預行編目 (CIP) 資料

你需要的是剛強,而不是逞強:比「撐下去」更重要的 61 件事 / 施以諾著. -- 初版. -- 臺北市:主流出版有限公司, 2025.07
面; 　公分. --（心靈勵志系列;19）
ISBN 978-626-99594-4-0（平裝）

1. 自我肯定 2. 自我實現
177.2　　　　　　　　　　114006943